Franklin | Crooked Letter, Crooked Letter

Lektüreschlüssel XL

für Schülerinnen und Schüler

Tom Franklin

Crooked Letter, Crooked Letter

Von Andrew Williams

Reclam

Dieser Lektüreschlüssel bezieht sich auf folgende Textausgabe:
Tom Franklin: *Crooked Letter, Crooked Letter*. London: Pan Books,
2014 [u. ö.].

Lektüreschlüssel XL | Nr. 15504
2019 Philipp Reclam jun. Verlag GmbH,
Siemensstraße 32, 71254 Ditzingen
Druck und Bindung: Kösel GmbH & Co. KG,
Am Buchweg 1, 87452 Altusried-Krugzell
Printed in Germany 2019
RECLAM ist eine eingetragene Marke
der Philipp Reclam jun. GmbH & Co. KG, Stuttgart
ISBN 978-3-15-015504-2

Auch als E-Book erhältlich

www.reclam.de

Inhalt

Inhalt

1. Schnelleinstieg

Autor	Tom Franklin (geb. 1963), US-amerikanischer Schriftsteller und Professor an der University of Mississippi
Erscheinungsjahr	2010
Gattung	Roman: Kriminalroman/Thriller
Ort der Handlung	Der fiktive Ort Chabot im US-Bundesstaat Mississippi im Süden der USA
Zeit der Handlung	1979, 1982, 2006, 2007
Zeitgeschichtlicher Hintergrund	Erzählgegenwart: »Post 9/11«-Gesellschaft Rückblenden: rassistisch geprägte Südstaatengesellschaft der 70er und 80er Jahre

Tom Franklins Roman *Crooked Letter, Crooked Letter* ist ein Roman von erstaunlicher Komplexität. Franklins bisher erfolgreichstes Werk wird gerne als Kriminalroman <u>vermarktet</u> – und hat einige Preise als herausragender Krimi bekommen –, aber der Roman ist weit mehr als die Geschichte eines schwierigen Kriminalfalls, der durch kluge <u>Detektivarbeit</u> gelöst wird: Der ›Fall‹, der in *Crooked Letter, Crooked Letter* aufgedeckt wird, ist nicht in erster Linie ein Kriminal-

etw. vermarkten: to market s.th. | **Detektivarbeit:** detective work

7

verbrechen, sondern vor allem das <u>Zugrundegehen</u> einer Freundschaft und die <u>bewegende Geschichte</u> der Wiederentdeckung dieser Freundschaft zwischen zwei Menschen, die mehr gemeinsam haben, als sie je geahnt hatten.

■ Eine vertraute Welt?

Die Gattung des Krimis ist den meisten Lesern vertraut, und die klar gezeichneten Charaktere in *Crooked Letter, Crooked Letter* kommen uns auch entsprechend vertraut vor: der Polizist aus der Provinz, der einen Mord aufklären muss und zugleich <u>in die Sache</u> persönlich <u>verwickelt ist</u>; die schöne und zugleich vernünftige Freundin, die ihm beisteht; ein etwas rauerer, <u>hartgesottener</u> Kollege, der verkennt, worum es eigentlich geht; dazu noch eine Reihe von Nebenfiguren. Man fühlt sich beim Lesen von *Crooked Letter, Crooked Letter* gut aufgehoben, als würde man eine Verfilmung anschauen. Und doch führt uns Tom Franklin zugleich in eine Welt, die vielen Lesern fremd sein wird. Ja, auch Leser, die mit den Vereinigten Staaten vertraut sind, genießen das Fremde, das Andere in *Crooked Letter, Crooked Letter*, denn der Roman gehört zur Literatur der Südstaaten, die als eigenes Genre gelten darf. Die Sprache ist aufgrund des besonderen Akzents und der kuriosen Verbformen fremd; die Atmosphäre von <u>Verfall</u> und Melancholie wirkt exotisch; der Konflikt zwischen den Rassen bekommt durch die historischen Hintergründe eine be-

Zugrundegehen: *hier:* end | **bewegende Geschichte:** a moving story | **in etw. verwickelt sein:** to be caught up in s.th. | **hartgesotten:** hardened | **Verfall:** decay

sondere Note; die Armut und Rauheit der Menschen fällt auf; und auch die Natur ist eine andere – Tiere und Pflanzen spielen in *Crooked Letter, Crooked Letter* eine bedeutende Nebenrolle.

In *Crooked Letter, Crooked Letter* werden mehrere <u>Gewalttaten</u> begangen, und es herrscht eine <u>bedrohliche Grundstimmung</u>. Besonders die Mischung aus Alkoholkonsum und Gewalt, die die beiden Männer Cecil Walker und Carl Ott prägt, sorgt für eine <u>beklemmende</u> Stimmung. Aber auch die vielen <u>Anspielungen</u> auf Horrorfilme bzw. auf Werke der Horrorliteratur fallen auf: Auf den berühmten Hitchcock-Film *Psycho* wird angespielt sowie auf Jay Ansons *The Amityville Horror* und auch auf Stephen Kings Romane *The Shining* und *Salems's Lot*. Der Einzelgänger Larry Ott ist begeisterter Stephen-King-Fan, wie auch sein Schöpfer Tom Franklin. Durch diese zahlreichen Anspielungen will Franklin einerseits die Allgegenwärtigkeit von Horror in unserer bzw. in der amerikanischen Unterhaltungskultur verdeutlichen, andererseits das Geschehen zeitlich fest verankern. Larry Ott selbst ist ironischerweise alles andere als eine Gefahr für seine Mitmenschen.

■ Stephen King & Co.

Die <u>ausgeklügelte</u> Erzählstruktur ergibt einen Roman, der langsam gelesen werden will. Es wird aus sich abwechselnder Perspektive erzählt. Hinzukommen ausführliche Rückblenden und Erinnerungen an

Gewalttat: act of violence | **bedrohliche Grundstimmung:** a threatening atmosphere | **beklemmend:** oppressive | **Anspielung:** allusion | **ausgeklügelt:** ingenious

Ereignisse, die vor mehr als zwanzig Jahren stattgefunden haben und bis in die Gegenwart hineinwirken. Ohne den Anspruch, die Welt zu verändern, ohne einfache Botschaft, aber doch mit Nachdruck setzt sich *Crooked Letter, Crooked Letter* mit wichtigen Themen auseinander: Freundschaft, Verrat, Schuld und Versöhnung.

2. Inhaltsangabe

Crooked Letter, Crooked Letter besteht aus 19 Kapiteln. Die ungeraden Kapitel werden aus der Perspektive von Larry Ott erzählt; die geraden aus derjenigen von Silas Jones. Die Handlung von Kapitel 1 beginnt im Spätsommer 2007. Hierauf lässt Angies Bemerkung, Silas habe 25 Jahre lang mit seinem Geheimnis gelebt (S. 235), schließen. Rückblenden führen den Leser zurück ins Jahr 1979 (Kapitel 3, 5), ins Jahr 1982 (Kapitel 7) und ins Jahr 2006 (Kapitel 9).

Kapitel 1

Acht Tage nach dem Verschwinden eines Mädchens namens Tina Rutherford wird Larry Ott in seiner Wohnung von einem <u>maskierten</u> Täter angeschossen. Zunächst beginnt der Tag wie jeder andere auch: Larry widmet sich seinen Hühnern und geht dann zur Arbeit. Nach vier Stunden bekommt er einen Anruf vom <u>Pflegeheim</u>: seine Mutter hat einen guten Tag (S. 6) – ob er vorbeischauen möchte? Larry will ihr ein Fotoalbum mitbringen und fährt daher schnell nach Hause, um es zu holen. Im Wohnzimmer trifft er auf seinen maskierten Angreifer. Die Maske, die der Eindringling trägt, gehört Larry selbst (er besitzt sie seit der Schulzeit). Der Maskierte sagt, es wüssten alle, was Larry getan habe. Er schießt aus nächster Nähe

■ Die Maske

maskiert: masked | **Pflegeheim:** nursing home

auf ihn. Der Angreifer sieht zu, wie Larry das Bewusstsein verliert, und sagt »stirb!«.

Kapitel 2

Silas Jones, der einzige Polizist des Ortes Chabot, ist – wie auch viele andere Polizisten im Bundesstaat Mississippi – auf der Suche nach Tina Rutherford. In einer abgelegenen Gegend sieht er am Himmel kreisende Greifvögel. Er lenkt seinen Wagen dorthin und entdeckt eine von aasfressenden Vögeln und vom Verwesungsprozess verunstaltete Leiche. Dennoch erkennt er den Toten sofort als den ihm seit seiner Kindheit bekannten Morton Morrisette, genannt M&M (der Polizei ist er als Kleinkrimineller und Drogendealer bekannt). Er lässt per Funk den CI (*criminal investigator*) French kommen. French watet durch den Sumpf zur Leiche und inspiziert sie. Kurz darauf treffen zwei Sanitäter, eine Frau und ein Mann, und der Gerichtsmediziner ein. Die Sanitäterin, Angie, ist mit Silas liiert. Als er sie kommen sieht, muss er an die gemeinsam verbrachte Nacht denken. Der Gerichtsmediziner erklärt der Form halber M&M für tot, dann wird die Leiche weggetragen.

Einige Stunden später denkt Silas über seine Beziehung zum ermordeten M&M nach. French erwähnt beiläufig, er habe Larry Ott wegen des vermissten

(Randnotiz:) ■ Ein grausiger Fund

Greifvogel: bird of prey | **Verwesungsprozess:** process of decay | **verunstaltet:** disfigured | **Drogendealer:** drug dealer | **Gerichtsmediziner:** coroner

Mädchens bereits einen Besuch abgestattet, wolle ihn jetzt aber noch einmal befragen. Allerdings sei Larry Ott morgens noch nicht in der <u>Autowerkstatt</u> gewesen, was Silas merkwürdig findet. Ihm fällt ein, dass ihm Larry kurz nach seiner Rückkehr nach Süd-Mississippi eine Nachricht hinterlassen hat (etwa vor zwei Jahren). Er macht sich über sein offensichtlich schwieriges Verhältnis zu Larry Gedanken, ohne dass der Leser erfährt, worum es genau geht. Silas folgt seinem <u>Bauchgefühl</u> und fährt zur Werkstatt, wo er Larry jedoch nicht findet. Silas denkt an eine düstere Geschichte zurück, die ihn mit Larry verbindet: Vor vielen Jahren verschwand schon einmal ein Mädchen, Cindy Walker. Sie war damals zuletzt mit Larry gesehen worden, daher galt dieser als <u>Hauptverdächtiger</u>. Man ging von einem Mord aus, aber ihre Leiche wurde nie gefunden.

■ Ein alter Fall

Auf dem Weg zu Larry wird Silas vom Dienstfunkgerät abgelenkt. Jemand hat in »White Trash Avenue« (S. 30) – einer heruntergekommenen Gegend, wo vornehmlich Weiße in armen Verhältnissen leben – eine Klapperschlange in einem Briefkasten gefunden. Silas soll sich darum kümmern. Er bittet daher Angie darum, an seiner Stelle bei Larry vorbeizuschauen. In »White Trash Avenue« zeigt die Postbotin, Olivia, Silas den Briefkasten. Er gehört einer attraktiven jungen Frau namens Irina Mott, mit der Silas ein wenig flir-

■ »White Trash Avenue«

Autowerkstatt: garage | **Bauchgefühl:** gut feeling | **Hauptverdächtiger:** main suspect

tet. Die Schlange wird entfernt und getötet. Silas fährt weiter, um sich um den Verkehr vor dem Sägewerk zu kümmern (dies gehört zu seinen täglichen Pflichten). Dort, inmitten des <u>Schichtwechsels</u> der Arbeiter, ruft ihn Angie an: Sie sei bei Larry Ott, wo sich offensichtlich etwas Schlimmes zugetragen hat.

Kapitel 3

Rückblende: Es ist März 1979. Larry besucht die 8. Klasse. Bei einem <u>Kälteeinbruch</u> passiert auf dem täglichen Schulweg etwas Ungewöhnliches: Larrys Vater hält den Wagen an und nimmt zwei Schwarze mit, die am Straßenrand stehen. Bei den beiden handelt es sich um Alice Jones und ihren Sohn Silas. Sie riechen nach Rauch und sind ärmlich gekleidet. Larrys Vater weiß, wie die Frau heißt, und Larry vermutet, dass die beiden in der kleinen Jagdhütte leben, die auf dem Grund seines Vaters steht. Ihm fällt Alices Schönheit auf. In der Schule angekommen, gehen die beiden Jungen sofort getrennte Wege – zu ungewöhnlich ist es, dass ein schwarzes und ein weißes Kind gemeinsam den Schulweg zurücklegen. Auch an den folgenden drei Tagen nimmt Larrys Vater die beiden mit, aber am Freitag fährt Larrys Mutter ihren Sohn zur Schule: Sie nimmt die beiden nicht mit, sondern gibt ihnen zwei alte Mäntel und macht dabei eine <u>abfällige</u> Bemerkung. Larry hat das Gefühl, sei-

Schichtwechsel: change of shift | **Kälteeinbruch:** cold snap | **abfällig:** snide

nen Vater verraten zu haben, da er der Mutter von den beiden erzählt hatte.

An einem Samstagnachmittag einige Wochen später ist Larry draußen unterwegs, wobei er wie immer ein Gewehr seines Vaters bei sich trägt. Meist hofft er, bei diesen Ausflügen Cindy zu erblicken, die schöne 15-jährige Tochter von Cecil Walker, die <u>sich</u> im Sommer gelegentlich vor ihrem Haus <u>sonnt</u>. Heute aber schlägt er eine andere Richtung ein, westwärts. Dabei erinnert er sich an einen Vorfall, der sich etwa ein Jahr zuvor zutrug: Um von seinen Schulkameraden akzeptiert zu werden, sollte er ein schwarzes Mädchen beleidigen. Der Streich ging schief, und er musste sich entschuldigen. Seine Klasse bewarf ihn daraufhin mit Büchern und quälte ihn. Die Erinnerung daran ist ihm unangenehm, zumal er an diesem Tag auch noch von seinem Vater verprügelt wurde. Diesen Gedanken nachhängend, nähert sich Larry nun der Jagdhütte, in der Alice und Silas leben. Silas, der gerade Holz sammelt, überrascht ihn dabei. Die Jungen sprechen miteinander, und Larry bringt Silas das Schießen bei. Darüber <u>vergessen sie die Zeit</u>. Bevor Silas schnell zurück zur Hütte rennt, wo das Feuer auszugehen droht, beschließt Larry, ihm bis auf Weiteres das Gewehr seines Vaters zu überlassen. Auch Larry geht nun nach Hause, jedoch nicht, ohne seine Handschuhe als Geschenk für Silas zurückzulassen.

■ Beginn einer Freundschaft

sich sonnen: to sun bathe | **die Zeit vergessen:** to lose track of time

Kapitel 4

Wieder in der Gegenwart: Silas telefoniert vom Auto aus mit Angie und mit French. Silas soll zu

■ Am Tatort

Larrys Haus und nicht ins Krankenhaus fahren, worüber er erleichtert ist, denn so muss er den schwer verletzten Larry nicht sehen. Am Haus angekommen, zieht sich Silas Handschuhe an und betritt sehr vorsichtig den Tatort. Er sieht die <u>Blutlache</u>. Daneben

■ Erinnerun-
gen

liegt eine Pistole. Er denkt an das eine Mal zurück, als er schon einmal hier gewesen war: Larry und er hatten gemeinsam Eidechsen gefangen und dann sogar eine Schlange gefunden. Er erinnert sich auch an die Waffensammlung von Larrys Vater, aber vor allem an ihre Spiele in der Scheune (S. 69). Als er diese nun betritt, hört er ein Geräusch und <u>zieht seine Waffe</u> – aber es sind nur die Hühner (S. 71), die ihn allerdings so erschrecken, dass er einen Schuss abgibt. Später trifft French ein, und sie untersuchen gemeinsam den Tatort. Auch jetzt kommen bei Silas ständig Erinnerungen an frühere Zeiten hoch: Hier sind nun die vielen Bücher, von denen Larry als Kind erzählte. Selbst an Kleinigkeiten, wie das Wort »owlet« (S. 77), das Larry ihm als Bezeichnung für junge Eulen beibrachte, muss Silas denken. Hinweise auf einen möglichen Täter finden sich allerdings nur sehr wenige. French ist der Meinung, Larry habe <u>sich selbst umbringen</u> wol-

---

Blutlache: pool of blood | **eine Waffe ziehen:** to draw one's weapon | **sich selbst umbringen:** to kill oneself

len. Die beiden sichern den Tatort ab und gehen nach Hause.

Zu Hause trinkt Silas ein Bier und macht sich bettfertig. Er sieht, dass der <u>Anrufbeantworter</u> blinkt. Es ist eine Nachricht, die Larry am Vormittag hinterlassen hat, mit der Bitte um Rückruf, selbst wenn es spät sei, denn die Angelegenheit sei wichtig.

■ Nachricht auf dem Anrufbeantworter

Kapitel 5

Rückblende: Es ist der erste Ferientag im Sommer 1979. Larry ist gut gelaunt und voller Energie. Er holt mit dem Fahrrad die Post und mäht noch vormittags den Rasen, damit er für den Rest des Tages mit Silas spielen kann. Ihre Freundschaft hat sich in den letzten Monaten sehr entwickelt, obwohl Silas' Mutter ihrem Sohn den Umgang mit Larry verbietet, was Larry nicht so recht versteht und auf ihre unterschiedliche Hautfarbe zurückführt. Dennoch sind die Jungen oft gemeinsam draußen unterwegs (auch mit den Gewehren) und gehen zusammen angeln.

■ Rückblende: Beginn der Sommerferien

racism

Mittags ist Larry mit dem Rasenmähen fertig. Weil er das ungute Gefühl hat, seinen Freund wegen ihrer unterschiedlichen Interessen (Silas ist sehr sportlich und spielt Baseball) möglicherweise zu verlieren, beschließt Larry, Cindy (sein Geheimnis) mit Silas zu ›teilen‹ (S. 87). Er bricht auf und findet seinen Freund ins Ballspiel vertieft: Er spielt alleine <u>imaginäre</u> Base-

Anrufbeantworter: answering machine | **imaginär:** imaginary ballszenarien nach. Larry ist von Silas' Bewegungen und dessen Sportlichkeit beeindruckt und möchte ihn nicht stören. Stattdessen fängt er an zu lesen. Silas entdeckt ihn, und die beiden unterhalten sich über Larrys Lieblingsbücher (vornehmlich Horrorgeschichten von Stephen King). Dann ziehen sie in Richtung von Cindy Walkers Haus los. Dort angekommen, sieht Larry seinen Vater, Carl Ott, auf der Terrasse stehen, was ihn sehr überrascht. Carl und Cecil Walker trinken und rauchen zusammen. Frisch aus der Dusche, mit einem Handtuch umhüllt, erscheint Cindy. Es gibt offenbar eine Auseinandersetzung. Cecil will ihr etwas verbieten, was ihr die Mutter laut Cindy aber erlaubt hat. Cecil zieht an Cindys Handtuch und Carl sieht belustigt zu. Silas, über die Belästigung des Mädchens empört, verlässt das Versteck. Er rennt zu den Männern und fordert sie auf, das Mädchen in Ruhe zu lassen. Diese lassen tatsächlich erstaunt von Cindy ab. Bevor die Männer ihm etwas tun können, rennt Silas davon. Larry will sich unbemerkt davonschleichen, als sein Vater plötzlich am Waldrand auftaucht, wohl um nachzusehen, ob sich dort noch andere »natives« (S. 94) aufhalten. Er erleichtert sich in unmittelbarer Nähe von Larrys Versteck, allerdings ohne seinen Sohn zu entdecken.

Auf dem Nachhauseweg fragt Silas Larry, ob er mit Cindy schon auf einem Date gewesen sei, und wun-

■ Silas verteidigt Cindy

Belästigung: molestation

dert sich etwas, dass sein Freund dem Mädchen nicht zu Hilfe eilte.

Zu Hause bei den Otts streiten sich Larry und sein Vater, denn Carl hat bemerkt, dass eines seiner Gewehre fehlt – die Waffe, die Larry seinem Freund überlassen hat. Carl ist <u>wütend</u> und will die Waffe zurück. Larrys Mutter mischt sich ein und fragt, wie lange Alice und Silas noch dort in seiner Hütte bleiben, denn es <u>gehöre sich</u> nicht, dass sie dort lebten. Sie droht, Larrys Vater zu verlassen, falls er diesen Zustand nicht ändere. Am nächsten Morgen geht Larry zu Silas. Er nimmt ein Buch mit (*Nightshift* von Stephen King) und fragt Silas, ob er die Waffe wiederhaben kann. Plötzlich taucht der betrunkene Carl auf. Er lacht Larry aus, weil dieser nicht bemerkt hat, dass er ihm gefolgt ist. Carl schlägt vor, dass die Jungen um das Gewehr kämpfen, weiß gegen schwarz. Der Gewinner darf das Gewehr behalten. Die Jungen wollen nicht gegeneinander kämpfen, aber Carl zwingt sie unter <u>Gewaltandrohung</u> dazu. Larry ist dem etwas jüngeren, aber athletischeren Silas hoffnungslos unterlegen. Carl, betrunken und noch aus der Whiskey-Flasche trinkend, feuert sie an und ermuntert sie auch noch dazu, mit unfairen Mitteln zu kämpfen. Der Verlierer, Larry, wird vom Vater verspottet. In seiner Wut und Enttäuschung nennt Larry Silas einen »nigger« (S. 103). Darauf schlägt ihm Silas ins Gesicht.

■ Ende einer Freundschaft?

racism

---

wütend: furious | **sich gehören:** to be appropriate | **Gewaltandrohung:** threat of violence

Larry fällt zu Boden. Carl, betrunken, <u>umklammert
haltsuchend</u> Silas, der sich jedoch befreien kann und
davonrennt.

Kapitel 6

Wieder in der Gegenwart: Es ist nun Mittwochvor-
mittag. Silas frühstückt bei »The Hub« und plaudert
mit der Bedienung. Dann fährt er zu Larrys Werkstatt
»Ottomotive«. Dort ist alles gut gepflegt und in bester
Ordnung. Wieder kommen Erinnerungen hoch: Silas
denkt an eine Situation von vor vielen Jahren zurück,
als er auf dem Weg zum Begräbnis seiner Mutter Larry
einsam vor der Werkstatt stehen sah.

■ Larrys
Werkstatt

Von der Werkstatt aus fährt Silas ein weiteres
Mal zu Larrys Haus. Auf der Einfahrt entdeckt er
<u>Glasstückchen</u>. Er sammelt einige davon als mögliche
Beweismittel auf und macht auch noch von einigen
<u>Reifenspuren</u> einen <u>Abguss</u>. Beim Warten auf das
Trocknen der Masse entdeckt er die Kippe eines
Joints. Da Larry selbst keine Joints geraucht hat, hält
er sie für eine nützliche Spur. Er schaut sich weiter
um, wobei immer wieder Erinnerungen in ihm hoch-
kommen. Er füttert die Hühner. Er inspiziert die
Bücher, den Kühlschrank. Auf dem Speicher findet er
diverse Unterlagen – und auch Fotos. Darunter sind
Baby-Bilder von Larry, auf denen auch Arme und

jdn. umklammern: to cling on to s.o. | **haltsuchend:** seeking
support | **Glasstückchen:** pieces of glass | **Reifenspuren:** tire
tracks (*AE*) / tyre tracks (*BE*) | **Abguss:** mold (*AE*) / mould (*BE*)

Hände einer schwarzen Frau zu sehen sind. Silas vermutet, dass sie zu einem <u>Kindermädchen</u> gehören. Dann entdeckt er auf einem dieser Fotos etwas Erstaunliches. Auf einem Bild ist ein Gesicht zu sehen: Es ist Silas' eigene Mutter.

■ Ein Kindermädchen, eine Mutter

Rückblende: Als Silas 13 Jahre alt ist, gerät der damalige Freund der Mutter in Schwierigkeiten mit der Polizei, die dazu führen, dass Alice Jones mit ihrem Sohn aus ihrem Wohnort Chicago in den Süden fliehen muss. Silas ist froh, nicht mehr mit diesem Mann, der ihn kaum beachtete, zusammenleben zu müssen. Die Flucht in den Süden, bei der sie hilfsbereiten Menschen begegnen, aber auch solchen, die Alice zu missbrauchen versuchen, endet just in jener Hütte, die Carl Ott gehört.

■ Rückblende: Flucht in den Süden

Wieder in der Gegenwart: Silas beschließt, das Foto mitzunehmen, obwohl er damit gegen das Gesetz verstößt (denn er <u>entwendet</u> potentielle Beweismittel). Sein Handy klingelt. Es ist Angie. Sie wollen sich zum Mittagessen treffen.

■ Das entwendete Foto

Kapitel 7

Rückblende: Ein Tag im Jahr 1982. Cindy Walker hat Larry gefragt, ob er sie ins Autokino begleiten möchte und sich zu diesem Zweck ein Auto ausleihen könne. Seinen Eltern präsentiert Larry den Sachverhalt etwas anders: Er habe Cindy gefragt – und nicht umgekehrt.

■ Larrys erstes ›Date‹

Kindermädchen: maid | **etw. entwenden:** to steal s.th.

Carl ist belustigt, weil das Autokino dafür bekannt ist, dass dort Filme mit Sexdarstellungen gezeigt werden. Er rät Larry, den größeren Wagen zu nehmen, weil er auf dem Rücksitz mehr Platz biete, und gibt Larry sogar 20 Dollar, sehr zu Larrys Überraschung. Die Mutter, die sich für Larry freut, ist von diesem Aspekt der Verabredung nicht so begeistert.

■ **Endlich akzeptiert**

In der Schule zeigt Cindy allerdings wenig Interesse an Larry. Dennoch erfährt er eine Art Akzeptanz durch die anderen Jungs, als er mit ihnen über das bevorstehende Date redet. Einer seiner Mitschüler gibt ihm ein Kondom.

Am Tag der Verabredung sind Larrys Eltern redselig und erzählen einige alte Geschichten. Eine handelt davon, dass Carl Ott als Jugendlicher Cecil Walker Geld für eine <u>Mutprobe</u> versprach. Cecil sollte sich bei völliger Dunkelheit an einem Seil von einem hohen Baum hinunterschwingen – was trotz eines Sturzes glücklicherweise glimpflich endete.

Larry schmuggelt einige Dosen Bier aus dem Haus und fährt zu den Walkers. Dort trifft er Cecil an, der ihm erklärt, Larry müsse ihn von nun an »Mr. Walker« (S. 143) nennen. Dann packt er Larry, drückt ihn gegen die Wand und droht ihm mit Gewalt: »If you so much as get a finger in her« (143). Er fasst den Jungen so hart an den <u>Hoden</u>, dass Larry meint, sich vor Schmerz übergeben zu müssen. Cindy geht dazwischen, und sie steigen ins Auto.

Mutprobe: a test of courage | **Hoden:** testicle

Im Auto wird sofort klar, dass das »Date« anders sein wird, als sich Larry das vorgestellt hat: Cindy befiehlt Larry, auf den Beifahrersitz zu rutschen, und fährt selbst. Sie fragt sofort nach dem Bier, das Larry ihr mitbringen sollte. Sie beschwert sich, dass er nur zwei Dosen besorgt hat und diese auch noch warm sind. Cindy trinkt beim Fahren und erklärt Larry nun den eigentlichen Sinn ihres Ausflugs: Sie fahren nicht gemeinsam ins Autokino, sondern nach Fulsom, wo Cindy ihren Freund treffen möchte. Um die Dringlichkeit dieses Treffens zu unterstreichen, sagt sie Larry, sie sei schwanger und müsse mit ihrem Freund einen Plan schmieden. Während sie sich mit ihrem Freund treffe, solle Larry alleine ins Autokino fahren und sie dann nach der Vorstellung um 23 Uhr an einem Treffpunkt abholen. Larry ist zunächst nicht einverstanden (S. 147), aber Cindy fährt weiter, steigt bei ihrem Ziel aus und erinnert Larry, sie abzuholen. Sie rennt davon, um ihren Freund zu treffen, und verschwindet aus Larrys Blickfeld.

■ Alles geht schief

Larry fährt ins Autokino und schaut sich dort den zweiten Film des Abends an. Als einige Jungs aus seiner Schule auftauchen, tut er so, als wäre Cindy mit im Auto (indem er unter der Decke mit seiner Hand Cindys Kopf simuliert). Als einer der Jungen sich Larrys Auto nähert, startet er den Motor und fährt davon. Ab viertel vor elf wartet Larry am vereinbarten Treffpunkt auf Cindy, aber sie kommt nicht. Er fährt

■ Alleine im Autokino

Autokino: drive-in; drive-in cinema

auf und ab, malt sich verschiedene <u>Szenarien</u> aus. Er fährt langsam zum Haus der Walkers, in der Hoffnung, dass Cindy schon zu Hause ist, aber dort ist alles dunkel. Plötzlich erscheint Cecil, betrunken, und beschimpft ihn. Er zieht Larry aus dem Wagen und würgt ihn. Just in diesem Moment kommt Cindys Mutter von der Spätschicht heim. Von Cindy gibt es keine Spur. Eine halbe Stunde später trifft der Sheriff ein. Er befragt Larry zum Verlauf des Abends. Einige Details (z. B. die angebliche Schwangerschaft Cindys) erwähnt Larry nicht. Der Sheriff rät abzuwarten. Cecil ist mit dieser <u>Vorgehensweise</u> nicht einverstanden. Doch der Sheriff geht wieder. Zuvor hat er Larry durchsucht und in dessen Hosentasche ein Messer entdeckt. Cindy kehrt nie mehr nach Hause zurück.

■ Larrys Schicksal ist besiegelt

Larry gilt von nun an als Hauptverdächtiger in dem Fall. Niemand scheint von einem Freund Cindys zu wissen. Die meisten Menschen halten Larry für einen Mörder und Vergewaltiger. Das Familienleben der Otts bricht zusammen. Ein Jahr später geht Larry zur Armee. Beim Militär kommt Larry gut zurecht. Nach einigen Jahren stirbt sein Vater bei einem Verkehrsunfall – er war in den letzten Jahren zum Alkoholiker geworden. Larry, inzwischen <u>ausgebildeter Mechaniker</u>, wird ehrenvoll aus der Armee entlassen und übernimmt die Werkstatt seines verstorbenen Vaters. Allerdings kann er nicht von seinen Einnahmen als

Szenario: scenario | **Vorgehensweise:** procedure | **ausgebildeter Mechaniker:** qualified mechanic

Mechaniker leben, sondern bestreitet seinen Lebens-
unterhalt durch den Verkauf seines Grundbesitzes an
das örtliche Sägewerk. Er führt eine einsame Existenz.

Kapitel 8

Wieder in der Gegenwart: Silas verbringt seine
Mittagspause im Lokal, wo seine Mutter früher gearbeitet hat. Angie erscheint. Die beiden unterhalten
sich über Larry Ott. Angie hält es für möglich, dass
Larry töten könnte, aber Silas ist anderer Meinung. Er
verrät, dass sie beide früher befreundet gewesen waren. Silas erzählt ihr die ganze Geschichte seines Um-
zugs von Chicago in den Süden und auch vom Beginn
und vom Ende der Freundschaft mit Larry. Er fügt
hinzu, dass Larry schon als Schüler als seltsam galt.   ■ Larry – ein
Ausführlich berichtet er von einer Halloween-Feier,   Außenseiter
bei der Larry eine äußerst realistisch erscheinende
Maske trug und große Anerkennung und Akzeptanz
genoss – aber nur scheinbar. Denn kaum war die Ver-
anstaltung zu Ende, kaum hatte Larry die Maske abge-
nommen, war er wieder der <u>Außenseiter</u> Larry, der
die Feier, ohne Anschluss zu finden, wieder verließ
und über den nachher alle redeten. Angie fragt Silas,
ob er auch Cindy gekannt habe, was Silas verneint.
Angie muss wieder zurück zur Arbeit.

Silas geht nun zum Krankenhaus, um Larry zu besuchen, der dort auf der Intensivstation liegt. Er ist

Außenseiter: outsider

immer noch bewusstlos und steht unter Medikamenten. Silas verlässt das Krankenhaus bald wieder und besucht Larrys Mutter im <u>Pflegeheim</u>. Er erfährt dort, dass Larry mehrmals in der Woche seine Mutter besucht. Eine Unterhaltung mit der <u>dementen</u> Mrs. Ott ist nicht möglich – zu fortgeschritten ist ihre <u>Demenzkrankheit,</u> und heute hat sie einen schlechten Tag. Silas geht zurück zum Auto.

Wieder verfällt Silas in Erinnerungen. Er denkt an einen Tag zurück, als er und Larry gemeinsam Rasen gemäht haben. Larry hatte ihm den Umgang mit dem Rasenmäher beigebracht. Silas mähte, während Larry zuschaute, aber als Carl Ott nach Hause kam, übernahm Larry. Um Ärger zu vermeiden, musste sich Silas zurückziehen, hörte aber noch, wie Larry für seine Arbeit gelobt wurde. In dieser Situation wurde ihm schmerzlich bewusst, dass er keinen Vater hat. Heute ist ihm allerdings klar, dass er doch einen Vater hatte, und zwar einen weißen, der sein Dienstmädchen geschwängert und daraufhin nach Chicago geschickt hatte. Er fragt sich, ob es die Hütte auf dem Grundstück der Otts noch gibt, in dem er und seine Mutter nach ihrer Rückkehr aus Chicago unterkamen, und beschließt, dorthin zu fahren.

Auf dem Weg dorthin kontrolliert er einen Quadfahrer. Der junge Mann hat wohl gerade erst Bier getrunken. Er heißt Wallace Stringfellow. Silas fällt ein schmutziger <u>Kissenbezug</u> auf, der hinter dem Rück-

■ Silas' Vaterlosigkeit

Pflegeheim: nursing home | **dement:** demented | **Demenzkrankheit:** dementia | **Kissenbezug:** pillow case

sitz des Quads verstaut ist. Er verzichtet aber auf eine gründliche Kontrolle und spricht stattdessen eine Warnung aus. Auf dem Grundstück der Otts angekommen, läuft er zur Hütte. Sie scheint seit langer Zeit verlassen und mittlerweile zugewachsen. Doch an einem der <u>Fensterrahmen</u> ist deutlich zu erkennen, dass jemand vor kurzem das Fenster geöffnet hat. Silas sieht durch das Fenster und erkennt, dass jemand unter dem Bett ein Grab geschaufelt hat.

■ Tina Rutherfords Leiche wird entdeckt

Kapitel 9

Rückblende: Als Larry an einem Freitagnachmittag im November (vermutlich knapp zwölf Monate vor Tina Rutherfords Verschwinden) auf der Terrasse ein Buch liest, taucht ein junger Mann auf. Er erklärt, im Auftrag von DIRECTV unterwegs zu sein und <u>preist</u> Larry eine <u>Satellitenschüssel an</u>. Larry erkennt in dem jungen Mann einen Jungen, den er etwa zehn Jahre zuvor in seiner Scheune beim Spielen erwischt und mit seiner Horrormaske erschreckt hatte. Der Mann stellt sich nun als Wallace Stringfellow vor. Eigentlich hat Larry kein Interesse an weiteren Fernsehsendern, doch lässt er sich zum Kauf einer Satellitenschüssel überreden, die Stringfellow am kommenden Montag auf dem Dach <u>montieren</u> möchte. Kaum überra-

■ Unerwarteter Besuch

Fensterrahmen: window frame | **etw. anpreisen:** to praise s.th.; to plug s.th. | **Satellitenschüssel:** satellite dish | **etw. montieren:** to put up s.th.; to install s.th.

27

schend erscheint der junge Mann jedoch nicht zum vereinbarten Termin.

■ Wallace Stringfellow – ein Freund?

Erst zwei Monate später lässt sich Stringfellow wieder bei Larry blicken. Dieses Mal kommt er jedoch nicht mit dem Lieferwagen von DIRECTV, sondern mit seinem Quad. Er bringt Bier mit, trinkt und erzählt von seinen Hunden. Er hört gern zu, als Larry davon berichtet, wiederholt von gewalttätigen Jugendlichen belästigt worden zu sein. Schließlich gibt Stringfellow zu, niemals für DIRECTV gearbeitet zu haben, stattdessen hat er den Lieferwagen genutzt, um mit Larry in Kontakt zu kommen. Er bietet Larry an, ihm seinen Hund als Wachhund zu überlassen und ihm eine Satellitenschüssel zu installieren, aber Larry lehnt ab.

Bei einem zweiten Besuch spricht Stringfellow in einer sehr direkten Art über Sexualität und macht dabei auch Larrys Jungfräulichkeit zum Thema. Larry wiederum sagt, dass er wisse, dass es Stringfellow gewesen war, den er vor zehn Jahren in der Scheune erwischt habe. Der junge Mann gibt das zu, sagt aber, dass er damals schon eine Woche später wiedergekommen sei, allerdings nicht um weiter in der Scheune sein Unwesen zu treiben, sondern um zu angeln. Zum ersten Mal hatte Stringfellow von Larry Ott in der 4. Klasse gehört. Langsam wird klar, dass Stringfellow ihn gezielt aufsucht, dass er also Larrys Nähe

Quad: quad | **belästigen:** to harass | **Jungfräulichkeit:** virginity | **Unwesen treiben:** to be up to no good

sucht. Stringfellow erzählt auch von einer Begegnung in einer Kirche, und tatsächlich erinnert sich Larry an einen Jungen, der ihm nach dem Gottesdienst einmal hinterhergerufen hatte.

Stringfellow raucht Marihuana und bietet auch Larry einen Joint an, aber er lehnt ab. An Weihnachten schenkt er Larry eine Pistole mit der Nachricht »Merry Xmas, Larry, from Santa«« (S. 202). Auch am Silvester- abend sucht der junge Mann Larry auf, und bald kommt er regelmäßig ein- bis zweimal pro Woche, auch um Bier zu trinken und zu rauchen. In den Ge- sprächen zeigt er sich vor allem an sexuellen Themen interessiert. Eines Abends fragt er nach dem Mädchen, das Larry ermordet haben soll, aber Larry hat nicht viel dazu zu sagen. Stringfellow kommt auch auf die Hütte zu sprechen, in der Silas mit seiner Mutter gelebt hatte. Als sie leerstand, sei er oft durch das Fenster in die Hütte geklettert. Im Rausch gibt er zu, darüber phan- tasiert zu haben, dass Larry ihn würgt und festhält, dass sie dann aber Freunde werden. Seine Phantasien reichen noch weiter: Er beginnt über Vergewaltigung zu sprechen, in einer Art, die Larry abstößt, Stringfel- low selbst aber sexuell erregend findet. Larry geht nicht auf das Gerede, geschweige denn auf die offen- sichtliche Erregtheit Stringfellows ein und zieht sich zurück. Stringfellow wird wütend, beschimpft Larry, zerstört die Scheinwerfer seines Autos und fährt auf

■ Wallace′ krankhafte Gewalt- phantasien

über etw. phantasieren: to fantasize about s.th. | **Vergewalti- gung:** rape | **sexuell erregend:** sexually (*adv.*) exciting | **Autoscheinwerfer:** car headlights

dem Quad davon. Stringfellow bleibt in den nächsten Wochen fern. Larry versucht, ihn telefonisch zu erreichen, gibt aber bald auf. Er will seiner Mutter von seinem ›besonderen Freund‹ berichten, aber sie versteht ihn nicht.

Kapitel 10

Nach der Entdeckung des Grabs

Es ist nun Montag, und eine Woche ist vergangen, seit Silas in der Hütte das Grab gefunden hat. Darin befand sich tatsächlich die Leiche des vermissten Mädchens Tina Rutherford, die inzwischen beerdigt wurde. Seit dem Leichenfund fährt Silas jeden Tag zu Larrys Haus und kümmert sich dort unter anderem um die Hühner. Zudem hält er vor Larrys Zimmer im Krankenhaus Nachtwache. Er sieht Angie nur noch selten, wohl deswegen, weil er sich scheut, ihr die Wahrheit über seine Beziehung zu Larry und Cindy zu sagen. Silas erfährt, dass sich bereits am Tag, als Larry ins Krankenhaus eingeliefert wurde, ein junger Mann nach Larry erkundigt hat, um zu erfahren, ob er wieder bei Bewusstsein sei. Der Mann sei mager gewesen und hätte irgendwie sehnig ausgesehen (»stringy-looking«, S. 218). Einmal, als Silas Larry nachts bewacht, meint er, eine Gestalt gesehen zu haben, ist sich jedoch nicht sicher, ob er vielleicht doch geträumt hat.

Bei Mrs. Ott im Pflegeheim

Silas muss wieder den Verkehr regeln. Sein Handy klingelt. Es ist Brenda vom Pflegeheim, die ihm mit-

Nachtwache halten: to keep night watch

teilt, dass Larrys Mutter heute einen guten Tag hat. Silas fährt zu Mrs. Ott. Er fragt sie nach seiner eigenen Mutter und zeigt ihr das Foto, aber Mrs. Ott kann sich nicht erinnern. Sie weiß nur, dass Alice schwanger wurde und gehen musste.

Abends trifft sich Silas mit Angie und erzählt ihr die Wahrheit über Cindy: Silas und Cindy waren während ihrer Schulzeit ein Paar. Weil sie ihre Beziehung geheim halten mussten, trafen sie sich im Wald oder im Auto. Cindy hatte sich an dem Tag in Silas verliebt, als er ihr aus dem Versteck zu Hilfe eilte. Als Cindy sich mit Larry zum Autokino verabredete, wollte sie eigentlich Silas treffen. Silas ist somit die letzte Person, die sie noch lebend gesehen hat. Angie erkennt sofort, dass Silas Schuld trifft: Indem er schwieg, ließ er Larry im Stich, weil dieser nun als Täter gelten musste.

■ Silas' Geschichte – und Angies Reaktion

Am nächsten Tag fährt Silas wieder zu Larrys Haus. Beim Anblick des ungemähten Grases verliert er sich wieder in Erinnerungen. Dann bekommt er einen Anruf: Larry ist aus dem Koma aufgewacht.

Kapitel 11

Larry ist nun wach und wird von French befragt. Auch ein Polizist, der sich damals mit dem Fall von Cindy Walker beschäftigt hat, ist anwesend. Beide halten Larry für den Mörder von Cindy Walker und Tina

■ Larry wacht aus Koma auf

jdn. im Stich lassen: to let s.o. down

31

Rutherford und empfehlen Larry zu gestehen. Larry, noch sehr schwach und <u>benebelt</u>, kann sich nicht an alle Geschehnisse der letzten Tage erinnern und willigt halb ein.

Kapitel 12

■ Silas spricht mit Larry

Silas betritt nun Larrys Krankenhauszimmer. Er ist besorgt, dass French Larry bereits zu einem Geständnis überredet haben könnte. Larry bittet Silas zu bestätigen, dass sie als Jungen befreundet gewesen waren. Silas kommt dieser Bitte nach und gibt zudem zu, dass er der Letzte gewesen sei, der Cindy Walker noch lebend gesehen hatte. French ist hierüber mehr als überrascht. Die Befragung Larrys wird beendet.

■ Silas' Geheimnis

Die beiden Polizisten gehen mit Silas zum <u>Polizeirevier</u>, wo er die ganze Geschichte über sein Verhältnis zu Larry und Cindy erzählt. Nur die Tatsache, dass er Larrys Halbbruder ist, erwähnt er nicht. Dennoch hält French nach wie vor Larry für den Hauptverdächtigen. Silas kehrt noch einmal zu Larry ins Krankenhaus zurück, um zu fragen, wer auf ihn geschossen hat, denn er vermutet, dass der Schütze auch der Mörder von Tina Rutherford ist. Larry beantwortet diese Frage jedoch nicht.

■ Ein Abend in der Bar

Abends betrinkt sich Silas im »Chabot Bus« (dabei handelt es sich um einen zur Bar umgestalteten ausrangierten Schulbus). Er kommt dabei mit Irina ins

benebelt: woozy | **Polizeirevier:** precinct

Gespräch, mit der Frau also, in deren Briefkasten sich eine Klapperschlange befand. Sie trinken zusammen und flirten. Sie erzählt ihm von einem Erlebnis einer Freundin: Diese sei mit einem jungen Mann namens Wallace Stringfellow zusammengewesen. In seiner Wohnung hätten sich viele Schlangen und auch Waffen befunden. Stringfellow sei sehr <u>aufdringlich</u> und <u>gewaltbereit gewesen</u>. Obwohl Silas ziemlich betrunken ist, erinnert er sich an den Mann, den er auf dem Quad angehalten hat. Er erkennt, dass es sich wohl um eben jenen Mann handelte. Irina und Silas trinken weiter und fahren anschließend zu Irinas Wohnung. Dort zieht ihr Silas die Stiefel aus, und es kommt fast zu Intimitäten, aber er besinnt sich noch und geht nach Hause.

Kapitel 13

Larry sieht im Krankenhaus fern und erinnert sich dabei an verschiedene Kindheiterlebnisse. Er denkt auch über Wallace Stringfellow nach und erinnert sich, dass dieser eines Nachts einige Tage nach dem Verschwinden Tina Rutherfords bei ihm auftauchte und sagte: »I done something« (S. 268). Er beschließt, French zu sagen, dass er eine klare Vorstellung davon hat, wer Tina Rutherford ermordet und auf ihn geschossen hat.

■ Die Erinnung kommt zurück

aufdringlich: pushy | **gewaltbereit sein:** to be prone to violence

33

Kapitel 14

Silas hat einen Kater. Als er an Larrys Werkstatt vorbeifährt, sieht er, dass dort randaliert wurde und die Worte »Serial Killer« (S. 274) an die Wand des Gebäudes gesprüht wurden. Er fährt weiter zu Larrys Haus. Dort sieht er sich noch einmal die Reifenspuren genau an, die ihm bereits zuvor dort aufgefallen sind. Es sind die Spuren eines Quads. Er beschließt daraufhin, zu Wallace Stringfellow zu fahren.

Im Vorgarten von Stringfellows Haus ist ein großer <u>Kampfhund angekettet</u>. Über Funk teilt Larry seiner Kollegin Miss Voncille mit, dass er gleich mit Stringfellow sprechen wird. Als Stringfellow auf der Veranda auftaucht, erklärt ihm Silas, dass er sich mit ihm über seinen Hund unterhalten möchte, und zwar im Haus. Sie gehen nach drinnen, und Silas sieht dort eine große Schlangensammlung – und eine Zombie-Maske. Er stellt Stringfellow viele Fragen – auch zu den Schlangen. Stringfellow schwitzt und ist sichtbar nervös. Er verlässt das Haus und lässt den Hund von der Kette, der Silas sofort angreift. Dann fallen Schüsse: Stringfellow schießt auf Silas, der mit dem Hund kämpft. Es gelingt Silas, seine eigene Waffe zu ziehen und den Hund zu erschießen. Stringfellow flieht. Silas schießt auf ihn, trifft ihn am Bein, aber Stringfellow kann im Wald verschwinden. Schwer verletzt, schleppt sich Silas zurück in die Wohnung und sucht

■ Silas und
der Mörder

Kampfhund: fighting dog

ein Telefon (sein Handy kann er nicht finden). Er stürzt und reißt dabei ein Terrarium mit um. Nun liegt er blutend am Boden, neben seinem Kopf kriecht eine Klapperschlange.

Kapitel 15

Larry, der sich im Krankenhaus die Zeit mit der Lektüre von Kurzgeschichten von Stephen King vertreibt, will French sprechen. Er erfährt vom Aufseher, dass das momentan nicht möglich sei, da ein anderes Verbrechen stattgefunden habe. Silas sei bei diesem Vorfall von einem Kampfhund attackiert und schwer verletzt worden. Larry errät sofort, dass es sich dabei um Stringfellows Hund handeln muss. Der Aufseher kontaktiert daraufhin French per Funk, und Larry erzählt ihm, dass Stringfellow von der Hütte, in der Tina Rutherfords Leiche gefunden wurde, wusste und dass er ihn, als er angeschossen wurde, anhand seiner Stimme und eines hinter der Maske sichtbaren Auges erkannt habe.

■ Larry nennt den Täter

Am Abend kommt French ins Krankenhaus. Er bringt die Zombie-Maske mit und fragt Larry, ob sie ihm gehöre. Außerdem fragt er Larry nach seinem Verhältnis zu Wallace Stringfellow. Dieser antwortet, dass er ihn für einen Freund gehalten habe, was French überrascht. Larry vermutet, Stringfellow habe in ihm wohl eine <u>Vaterfigur</u> gesucht. French verlässt

Vaterfigur: father figure

den noch mit Handfesseln gesicherten Larry Ott, der darüber nachdenkt, inwiefern er Schuld an den Ereignissen trägt. Eine Krankenschwester tritt ein und bringt einen neuen Zimmernachbarn: Es ist Silas.

■ Wiedervereint?

Kapitel 16

Dass Silas nun bei Larry im Krankenzimmer liegt, war sein eigener Wunsch, der zudem von French <u>abgesegnet wurde</u>. Im Fernsehen kommt ein Bericht über die Ereignisse: Nach der Schießerei mit Silas hat sich Stringfellow umgebracht. Im Fernsehen erklärt French Larry Otts Unschuld, will aber keine weiteren Fragen beantworten. Silas erzählt Larry, dass er herausgefunden hat, dass sie Halbbrüder sind. Larry hatte das allerdings schon vermutet. Silas erzählt, er habe Larry früher um den Vater, das Haus und das Land beneidet. Larry erwidert bitter, dass Silas ihn wohl in seiner jetzigen Situation nicht mehr beneide. Er lässt eine Krankenschwester kommen und äußert den Wunsch, in ein anderes Zimmer verlegt zu werden.

■ Enthüllungen

Kapitel 17

Im Gegensatz zu Larry empfängt Silas viele Besucher – darunter natürlich Angie, seine Freundin. Silas und Angie unterhalten sich hinter einem Vorhang. Larry hatte die Krankenschwester gebeten, den Vor-

etw. absegnen: to approve of s.th.

hang zwischen den Betten zuziehen, denn er möchte Abstand von Silas haben. Nach einer Weile schaut Angie hinter dem Vorhang hervor und grüßt Larry. Die beiden kommen ins Gespräch und Larry bedankt sich bei ihr für seine Rettung. Angie lädt Larry ein, in ihre Kirche (eine schwarze Kirche) zu kommen.

Am nächsten Tag kommen noch Polizisten vorbei, und sogar der Bürgermeister stattet Silas einen Besuch ab. Silas bittet French darum, Larrys Handfesseln zu entfernen, was auch geschieht. French rät den beiden, im <u>Umgang mit den Medien</u> vorsichtig zu sein, nicht ohne vorher bestätigt zu haben, dass nun kein Zweifel mehr daran besteht, dass Stringfellow Larry angeschossen hat.

■ Silas – ein Held?

Kapitel 18

Nach seiner Entlassung aus dem Krankenhaus erzählt Silas der Polizei-Reporterin seine Geschichte. Anschließend sucht er den Bürgermeister, Mayor Mo, auf und erwartet, von ihm <u>gemaßregelt</u> zu <u>werden</u>. Aber statt ihn <u>zurechtzuweisen</u> oder zu bestrafen, verspricht der Bürgermeister, jemanden zu finden, der die lästige Aufgabe, den Verkehr zu regeln, zukünftig für ihn übernimmt, damit sich Silas der ›echten‹ Polizeiarbeit widmen kann. Und er soll sogar einen neuen Dienstwagen bekommen.

■ Silas' Rückkehr

Umgang mit den Medien: dealings with the media | **jdn. maßregeln:** to reprimand s.o. | **jdn. zurechtweisen:** to rebuke s.o.; to upbraid s.o.

Am nächsten Tag bringt Angie Silas erst zu Larrys Haus, wo er den Briefkasten leert, und dann ins Krankenhaus. Silas bringt Larry die Post und möchte sich

■ Larry schweigt

mit ihm unterhalten, aber Larry schweigt. Er schaut sich lieber das Baseballspiel an, das im Fernsehen läuft. Silas besucht daraufhin Mrs. Ott, er erzählt ihr dies und das, insbesondere von Vergangenem, aber sie reagiert nicht und fragt lediglich, wer er sei. Später fahren sie noch zu dem Haus der Walkers, wo Larry über seine erste Liebe, Cindy, nachdenkt. Er fragt sich, ob ihr Geist in dem verfallenen Haus spuke.

Einen Tag später kümmert er sich zusammen mit Angie um Larrys Haus. Sie putzen alles gründlich und bereiten alles für Larrys Heimkehr vor. Silas bringt auch das Gewehr, das ihm Larry einst überließ, zurück und reinigt auch dieses sorgfältig.

Kapitel 19

Silas besucht Larry jeden Tag, aber Larry redet weiterhin nicht mit ihm. Silas bringt ihm Post, Bücher, berichtet von den Hühnern. Am fünften Tag erlaubt der Arzt Larry, auf den Krankenhausfluren spazieren zu gehen. Larry tut dies auch und sieht dabei die vielen Reporter, die in der Lobby des Krankenhauses warten. Nachts verlässt er heimlich das Krankenhaus und will nach Hause gehen. Ein Mitarbeiter, Jon, bemerkt dies und ruft Silas an. Silas fährt mit dem Auto los, um seinen Halbbruder zu suchen. Er findet ihn noch im Ort. Larry ist blass und schwach, das Laufen fällt ihm noch sehr schwer. Er steigt zu Silas ins Auto und lässt sich von ihm nach Hause bringen. Die beiden unterhalten sich über Silas' Dienstwagen. Larry bemerkt den schlechten Zustand des Vergasers, woraufhin ihn Silas fragt, ob er bei Gelegenheit den Wagen anschauen könne. Nach einigem Zögern stimmt Larry zu. Dann steigt er aus. Silas gibt ihm noch Geldbörse und Schlüssel. Larry bedankt sich und geht ins Haus. Silas schaut ihm nach, im Wissen, dass Larry eine aufgeräumte Wohnung vorfinden wird – in der sogar noch Satellitenfernsehen installiert worden ist.

■ Larrys Rückkehr

Larry geht durch die Wohnung, macht alle Lichter aus und denkt noch beim Einschlafen daran, dass er morgen Silas anrufen muss, um ihm zu sagen, welches Ersatzteil er für das Auto besorgen soll.

Chronologie der Ereignisse

ca. 1965: Larry Ott kommt zur Welt. Alice Jones wird schwanger und zieht nach Chicago, wo Silas geboren wird.

1979: Alice und Silas müssen Chicago verlassen und ziehen nach Chabot. Dort gehen Larry und Silas gemeinsam zur Schule und werden Freunde. Die Freundschaft endet jedoch schon Ende Juni im Streit.

1982: Silas und Cindy Walker werden ein Paar. Cindy verschwindet. Larry wird des Mordes verdächtigt und verlässt die Schule. Silas zieht aus Fulsom und geht nach Oxford, Mississippi.

Vergaser: carburettor

Zwischen 1982 und 1997:
Silas besucht die Universität, später die Polizeischule.
Larry geht zum Militär und wird Mechaniker.
Carl Ott stirbt bei einem Autounfall.
Larry verlässt das Militär und kehrt nach Chabot zurück,
wo er die Werkstatt des Vaters übernimmt.

1997:
Larry verjagt den jungen Wallace Stringfellow, der bei
ihm immer wieder einbricht.
Ina Ott kommt ins Pflegeheim.

1999: Alice Jones stirbt.

2005: Silas Jones kehrt als Polizist nach Chabot zurück.

November 2006: Wallace Stringfellow beginnt Larry
regelmäßig zu besuchen.

Frühjahr 2007: Die Besuche von Stringfellow bei Larry
bleiben aus.

September 2007: Tina Rutherford wird als vermisst
gemeldet.

Eine Woche später: Stringfellow besucht Larry nachts
und sagt, er habe etwas getan.

Am darauffolgenden Montag: Larry, um Stringfellow
besorgt, versucht vergeblich Silas telefonisch zu erreichen.

Am nächsten Tag / Dienstag:
Die Leiche von Morton Morrisette wird im Sumpfgebiet
gefunden.
Larry wird von Stringfellow angeschossen.

Am nächsten Tag / Mittwoch: Silas entdeckt das Grab
von Tina Rutherford in der Hütte.

Am darauffolgenden Montag: Silas erzählt Angie über
sein Verhältnis mit Cindy Walker.

Am nächsten Tag / Dienstag:
Silas erfährt, dass Larry wieder bei Bewusstsein ist. Er

geht ins Krankenhaus und erzählt Larry und French von Cindy.

Später will Silas Larry dazu bringen, ihm zu erzählen, warum er ihn am Montag vor der Schießerei angerufen hat.

Am Abend trifft Silas Irina (die Frau, in deren Briefkasten eine Klapperschlange gefunden wurde) zufällig in einer Bar. Sie erzählt ihm von einer Freundin, die beinahe von Stringfellow vergewaltigt wurde.

Am nächsten Tag / Mittwoch: Silas fährt zur Wohnung von Stringfellow und wird dort von ihm angeschossen. Stringfellow flieht zunächst und bringt sich dann um.

Am nächsten Tag / Donnerstag: Larry erzählt French, warum er glaubt, dass Stringfellow Tina Rutherford umgebracht und ihn selbst anschossen hat. Silas wird im Rollstuhl in Larrys Zimmer gebracht.

Am nächsten Tag / Freitag: Silas wird aus dem Krankenhaus entlassen.

12 Tage nach dem Schuss auf Larry: Larry verlässt das Krankenhaus frühzeitig und zu Fuß. Silas findet ihn und bringt ihn nach Hause.

3. Figuren

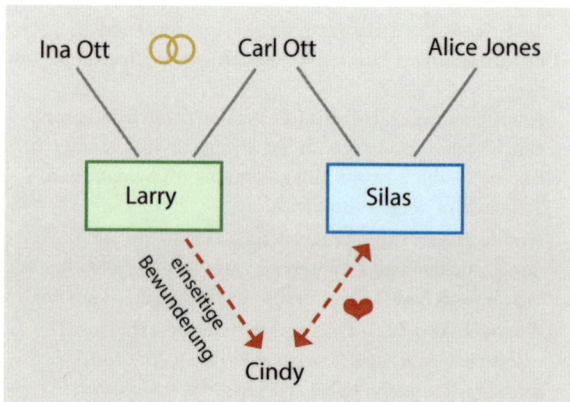

Abb. 1: Die Figurenkonstellation in den 1980ern

Larry Ott

»Scary Larry« (S. 29, 105) – so nennen viele den 41-jäh-
rigen Larry Ott, denn er wird mit einem <u>nie aufgeklär-
ten</u> Verbrechen in Verbindung gebracht: dem Verschwinden von Cindy Walker im Jahr 1982. Das Mädchen wurde kurz vor ihrem Verschwinden zuletzt mit
Larry gesehen. Man vermutet in ihm einen Vergewaltiger und Mörder und <u>meidet den Kontakt</u>. Er darf wegen seiner Vergangenheit keine Waffe besitzen (S. 5).

nie aufgeklärt: *hier:* unsolved | **den Kontakt meiden:** to avoid
contact

Larry ist ledig und wohnt im Haus seiner Eltern, **■ Larrys**
das nun ihm gehört. Das Haus steht am Rande des **Einsamkeit**
Orts. Larrys Vater ist vor Jahren bei einem Autounfall
gestorben; seine Mutter ist dement und lebt in einem
bescheidenen Pflegeheim. Larrys Existenz ist <u>eintö-
nig</u>. Er lebt ohne Computer und Satellitenfernsehen
(für seinen Fernseher hat er nicht einmal eine Fernbedienung, S. 73), umgeben von den Besitztümern seines Vaters: »The tractor, like everything else, had been
his father's« (S. 2). Von den Gegenständen in der
Wohnung spiegeln einzig die Bücher, die Larry liest
und sammelt, seine eigene Persönlichkeit wider. Es
handelt sich dabei hauptsächlich um Horror-Romane.
Sein Lieblingsautor ist Stephen King. Er ernährt sich
von ›Junk food‹ und schaut <u>anspruchslose</u> Fernseh-
sendungen an, die ihn zum Schmunzeln bringen
(»smiling with the laugh tracks«, S. 1). Der nächste
Nachbar wohnt eine Meile entfernt (S. 1).

Wir erfahren schon im ersten Kapitel einiges, was
nicht zu Larrys Ruf als Monster, Vergewaltiger und **■ Scary Larry?**
Mörder passt: Nachdem er angeschossen worden ist,
fühlt er eine Art Vergebung für seinen Täter (»strange
forgiveness«, S. 8); und er geht, <u>in Ermangelung sozialer Kontakte</u>, geradezu höflich mit seinen Hühnern
um: »Have a good day, ladies« (S. 4). Larry kümmert
sich überhaupt liebevoll und in sehr kreativer Weise

---

eintönig: monotonous | **anspruchslos:** lowbrow | **in
Ermangelung sozialer Kontakte:** in the absence of social
contacts

um die Hühner, die alle von ihm mit Namen ange-
sprochen werden (sie sind offenbar nach den Ehefrau-
en der US-Präsidenten benannt). Er hat ein ausgeklü-
geltes System für ihre Haltung entwickelt, das sowohl
die Wiese schont als auch das Wohlsein der Tiere för-
dert. Die Eier sind wohlschmeckend und das Eigelb
hat eine schöne Färbung. Seine Arbeit als Hobby-Far-
mer wird sehr eingehend dargestellt, auch die damit
verbundenen Gerüche (S. 3) werden beschrieben, um
den <u>sinnlichen</u> Aspekt seines Tuns zu evozieren. Seine Arbeit in der Autowerkstatt ist dagegen nur eine

■ Larrys
Arbeit in
der Auto-
werkstatt

Scheinbeschäftigung. Er ist ›in der Theorie‹ (S. 4) Automechaniker; in der Praxis hat er kaum Kunden und
verbringt wohl mehr Zeit mit der Reparatur und Pfle-
ge des eigenen Wagens (der gelegentlich von <u>böswil-
ligen</u> <u>Randalierern</u> beschädigt wird) als mit Arbeiten
an defekten Fahrzeugen anderer. Sein Auto ist »a pati-
ent with its own full-time doctor« (S. 108). Selbst die
Schubladen im Büro der Werkstatt sind gut geölt und
gepflegt.

Der einzige regelmäßige Besucher ist French, denn
Larry ist grundsätzlich ein Verdächtiger (»a person of
interest«, S. 6), wenn es um die Aufklärung von Ge-
waltverbrechen geht. Das macht Larry zu einem besonderen Außenseiter: Er ist ein Außenseiter, der
nicht nur jenseits der restlichen Gesellschaft lebt,
sondern zugleich unter ständiger Beobachtung steht.

sinnlich: sensual | **böswillig:** malicious | **Randalierer:**
troublemaker

Lediglich die Kellnerin in »The Hub« empfindet Mitleid für ihn: »I always felt bad for him« (S. 107).

Larry fühlte sich als Kind vom Vater ungeliebt. Er ist nicht groß und stark wie sein Vater – dieser zeichnete sich durch die hochgewachsene Gestalt eines Sportlers »a tall, pitcher's physique« (S. 45) aus –, sondern ist eher etwas <u>pummelig</u>. Es ist von »shambling, stoop-shouldered pudginess« (S. 44) die Rede (shambling bedeutet hier etwa »ungelenk«). Der Vater macht sich über seinen Sohn lustig, etwa durch die scherzhafte Wendung »mechanically disinclined« (S. 45), die man als liebevolle <u>Hänselei</u> deuten könnte, wenn man nicht wüsste, dass Carl Ott auch gegen seinen eigenen Sohn Gewalt anwendet. Im Übrigen zeugt Larrys Werdegang davon, dass er eben nicht handwerklich unbegabt ist; im Gegenteil, er verlässt die Armee als ausgebildeter Mechaniker. Carl Ott kommt wohl nicht damit zurecht, dass sein Sohn ein Außenseiter ist, dass er ungewöhnliche Hobbys hat (die Lektüre von Horrorromanen) und nicht sportlich ist. Larry fällt auch dadurch auf, dass er gefangene Wildtiere (Schlangen) in die Schule mitnimmt. Er tut dies wohl in der Hoffnung, anderen zu imponieren oder aber einfach auch um Kontakt zu suchen. Trotzdem gilt er in der Mittelschule als »the new kid who was never quite accepted« (S. 51). Schlüsselszenen aus dem Roman zeugen von misslungenen Bemühungen um Akzeptanz und Geltung. Aufmerksamkeit bekommt er

■ Ein Junge mit ungewöhnlichen Hobbys

pummelig: chubby | **Hänselei:** teasing

**■ Hoff-
nung auf
Akzeptanz**

zwar immer wieder – zum Beispiel als er bei der Halloween-Party als Zombie auftritt, aber Anschluss findet
er in der Gruppe trotzdem nicht. Sein Wunsch dazu-
zugehören ist so groß, dass er um der Akzeptanz wil-
len eine schwarze Mitschülerin beleidigt (S. 55) – das
führt allerdings nicht dazu, dass er wie versprochen
mit Ken und David ins Autokino darf, vielmehr wird
er von den schwarzen Schülern verprügelt. Ein Asth-
maleiden, das ihn bis in die 5. Klasse plagt (S. 98), und
eine Neigung zu stottern sind zwei weitere Merkmale
seines Außenseitertums. »When he stuttered, the
other boys laughed and his teacher thought he was
doing it on purpose and fussed at him« (S. 97). Das
Stottern, das er in der 4. Klasse überwunden hatte,
kehrt beim Kampf um das Gewehr umso prononcier-
ter zurück (S. 103).

Larry ist nicht hochintelligent, hat aber dank seiner Buchleidenschaft einen großen Wortschatz. Silas
muss Larrys Definition einer Jungfrau – »Somebody
that hadn't ever had intercourse.« – zur Bestätigung
vereinfachen: »Intercourse? You mean somebody
ain't never been *fucked?*« (S. 89). Bestimmte Eidechsen nennt er in fast zwanghafter Ablehnung der um-
gangssprachlichen Bezeichnung »anoles« (S. 69). Dieses Bewusstsein für die Feinheiten der Sprache ist Teil
seines Außenseitertums.

---

prononciert: pronounced | **zwanghaft:** obsessive | **Ableh-
nung:** rejection | **umgangssprachlich:** colloquial | **Feinheit:**
subtlety

Larrys Schicksal hat einen tragischen Aspekt, denn nicht nur seine Schwäche und seine Naivität führen zu seinem Untergang, sondern auch seine Treue: Er verschweigt zunächst Cindys angebliche Schwangerschaft, was ihn in den Augen der Polizei unglaubwürdig und somit auch verdächtig macht. Larrys <u>Gutgläubigkeit</u> wirkt sich auch auf seine Freundschaften aus. Zwar gelingt es ihm, mit Silas eine kurze und auch genuine Jugendfreundschaft zu knüpfen, aber als er später Cindys vorgespieltes Interesse an ihm für echt hält, und er ihr Verhalten also völlig falsch einschätzt, hat das für ihn katastrophale Folgen. Seine <u>Unerfahrenheit</u> im Umgang mit Gleichaltrigen hat auch einen ganz praktischen Hintergrund: Aufgrund seines entlegenen Wohnorts ist es für Larry schwierig, sich mit anderen Schülern zu treffen. Viele Jahre später entwickelt sich zwischen Wallace Stringfellow und Larry eine Art Freundschaft, aber auch in diesem Fall schätzt Larry den neu gefundenen Freund völlig falsch ein. Die Gründe hierfür sind einerseits in Larrys Persönlichkeit und schwieriger Kindheit zu suchen, andererseits sind sie vergleichsweise banal: Wenn man lange Zeit keinen Kontakt zu anderen Menschen gehabt hat, dann ist man nicht besonders wählerisch (S. 209).

■ Larrys Naivität – sein Untergang?

Larrys religiöses Empfinden lässt sich schwer fassen. Zwar ist von einem Hunger nach Gott die Rede (»hungry for God«, S. 209), und das Beten gehört zu seinem täglichen Ritual (S. 209), doch auch in dieser

Gutgläubigkeit: credulity | **Unerfahrenheit:** inexperience

Hinsicht zeigt er sich ziemlich <u>einfältig</u>: Nicht <u>Sinn-suche</u>, sondern ein naiver Glaube an einen Lenker prägt seine Religiosität.

■ Eine einsa-
me Existenz

Am Ende ist es vor allem Larrys Einsamkeit, die die Leser berührt. Dass er an dieser jahrelangen Einsamkeit nicht schuld ist, verleiht seinem Schicksal eine sehr <u>schmerzliche</u> Note. Der Autor unterstreicht Larrys Einsamkeit durch die Beschreibung einiger Kleinigkeiten: Von seinem Briefkasten heißt es, dass das rote Fähnchen schon vor langer Zeit abgerissen war (»red flag long wrenched off«, S. 5). Dieses Fähnchen zeigt eingehende und auch ausgehende Postsendungen an, steht also letztlich für die Kommunikation mit der Außenwelt. Dass Larry sein Auto nach mutwilligen Beschädigungen durch engstirnige und gehässige Randalierer so geflissentlich repariert, als handle es sich um eine Selbstverständlichkeit; dass er die Schubladen im Werkstattbüro, den Traktor des Vaters so gut pflegt, jedoch seinen eigenen Briefkasten unrepariert vor dem Haus stehen lässt, das ist eine etwas traurige und zugleich subtile Aussage darüber, dass der 41-Jährige mit der Möglichkeit eines irgendwie gearteten Soziallebens schon längst abgeschlossen hat.

Interessant und zugleich überraschend ist die Tatsache, dass Larry nach seinem Erwachen aus dem Koma in der Lage ist, seine schreckliche Situation relativ

---

einfältig: simple-minded | **Sinnsuche:** search for meaning |
schmerzlich: painful

klar zu reflektieren. So erkennt er beispielsweise, dass er sich in erster Linie auf Stringfellow eingelassen hat, da seine Auswahl an möglichen Freunden denkbar eingeschränkt war (S. 286). Auch die Aussage, Stringfellow habe in ihm wohl eine Vaterfigur gesucht, spricht von einer Einsicht, die mit seiner früheren Naivität kaum vereinbar erscheint. Zugleich lässt der Roman offen, wie Larry mit der neuen Situation zurechtkommen wird. Wird es ihm gelingen, eine Beziehung zu seinem Halbbruder aufzubauen? Stehen die Neuerungen in seinem Haus (das Satelittenfernsehen, das zurückgebrachte Gewehr) tatsächlich für einen Neuanfang oder handelt es sich doch nur um unerhebliche Äußerlichkeiten? Wie geht es mit Larry weiter?

■ Eine unsichere Zukunft

Silas Jones

Silas Jones ist Larrys Halbbruder. Er ist bei seiner <u>alleinerziehenden Mutter</u>, Alice Jones, aufgewachsen. Erst im Alter von etwa 40 Jahren erfährt er, dass sein Vater Carl Ott ist. Er hatte mit Alice, als diese im Ottschen Haushalt als Kindermädchen arbeitete, eine Affäre. Noch während ihrer Schwangerschaft zog Alice jedoch nach Chicago, wo Silas aufwuchs. Über seine Kindheit dort erfahren wir nicht viel. Insgesamt war es sicherlich keine allzu glückliche Zeit: Alices neuer Partner beachtete Silas kaum und geriet später

alleinerziehende Mutter: single mother

mit der Polizei in Schwierigkeiten. Der darauffolgende überstürzte <u>Umzug</u> in den Süden ist nicht einfach für Alice und Silas. Doch dank seiner Sportlichkeit ist Silas an der neuen Schule beliebt, und trotz der Armut, in der er und seine Mutter leben, wohl glücklich.

Nach der Schule muss Silas seine Karriere als Sportler wegen einer Verletzung aufgeben. Er dient eine Zeitlang bei der Marine und kehrt später mehr oder weniger zufällig als Polizist nach Chabot zurück. Zu Beginn der Handlung ist Silas Jones seit zwei Jahren Polizist in Chabot (S. 13), einem Ort, der sich nicht mal einen ordentlichen Polizeiwagen leisten kann. Beruflich ist er nicht besonders zufrieden. Dies hängt zum einen mit den Aufgaben zusammen, die zum Teil <u>eintönig</u> sind (wie z. B. seine Aufgabe als Verkehrspolizist), und zum anderen mit der <u>fehlenden Anerkennung</u> für seine Arbeit (S. 19). Aber auch die Tatsache, dass er als <u>vielversprechender</u> junger Mann Chabot verlassen hat, um dann in relativ <u>bescheidener</u> Funktion zurückzukehren, dürfte hier eine Rolle spielen. Dass die Gründe für seine Unzufriedenheit noch viel tiefer gehen, wird im Laufe des Romans klar.

Silas war ein sportlicher Junge, der als Baseballspieler großes Ansehen genoss und im ganzen Ort bei Jung und Alt als »32«, seine Spielernummer, bekannt war (S. 9). Nun nach seiner Rückkehr nach Chabot

■ Sportlichkeit – ein Weg zur Beliebtheit

■ Eine lokale Berühmtheit

Umzug: move | **eintönig:** dull | **fehlende Anerkennung:** lack of recognition | **vielversprechend:** promising | **bescheiden:** modest

wird er noch immer so genannt. Larry bewundert als Junge Silas' Leichtigkeit und Stärke. Bei ihrem Kampf um das Gewehr wird Larry seine körperliche Unterlegenheit schmerzlich bewusst. Silas ist darüber hinaus <u>gutaussehend</u> und zudem <u>charismatisch</u>. Er hatte mit Cindy bereits während der Schulzeit eine Freundin (auch wenn die Beziehung geheim bleiben musste), und auch jetzt genießt er mit Angie <u>Vertrautheit</u> und <u>Intimität</u>, was angesichts Larrys <u>Jungfräulichkeit</u> besonders auffällt.

Silas ist risikobereit (er zögert nicht, Cindy zu verteidigen, als sie von ihrem Stiefvater belästigt wird) und verfügt im Grunde genommen über einen ausgeprägten Gerechtigkeitssinn, auch wenn er letztlich seinen Freund Larry verrät. Im Laufe des Romans muss sich Silas eingestehen, dass er an Larrys Situation Schuld trägt: Er ist für Larrys Außenseitertum ■ Silas' Schuld mitverantwortlich. Nach Silas' Rückkehr in den Süden hatte Larry mehrmals versucht, ihn zu kontaktieren. Aber Silas hat nie geantwortet. Das scheinbar einzige Überbleibsel aus der damaligen Zeit ist ein »old Stephen King book« (S. 20), das er zweckentfremdet hat und nun das Fenster vor seinem Schreibtisch offen hält – ein Sinnbild seines Umgangs mit der Vergangenheit.

Silas hat Mühe, sich seine Rolle im Fall ›Larry Ott‹ einzugestehen und überhaupt mit seiner Vergangen-

gutaussehend: good-looking | **charismatisch:** charismatic | **Vertrautheit:** familiarity | **Intimität:** intimacy | **Jungfräulichkeit:** virginity

heit umzugehen. Typisch hierfür ist ein Szene in Kapitel 8, in der er seine Verbindung zu Cindy abstreitet: Angie fragt Silas, ob er das Mädchen gekannt habe. Silas verneint, hadert aber mit sich selbst: »*Just tell her*« (S. 166). Dass er – gerade mit einem Menschen, der ihm so nahesteht – über die Vergangenheit reden sollte, weiß er. Aber er scheint hierzu noch nicht in der Lage (siehe Kapitel 6 »Interpretationsansätze«, S. 121).

Silas' Beziehung zu seiner Mutter ist schwierig. Die beiden lebten nie im Streit, aber Silas ist undankbar und erkennt erst sehr spät, in welchem Maß und mit welcher Selbstlosigkeit sie sich immer um ihn gekümmert hat. Sie unterstützte ihn während seines Studiums finanziell, damit er nicht neben seinen Seminaren arbeiten musste. Sogar ihre Warnung, sich nicht mit einem weißen Mädchen einzulassen, stellte sich letztlich als richtig heraus. Silas erkennt, wie sehr es sie verletzt haben muss, dass er sie nur so selten besuchte.

■ Silas und seine Mutter: unausgesprochenes Leid

Carl und Ina Ott

Carl Ott, Larrys Vater, ist ein begabter Automechaniker, der gerne Geschichten erzählt. Seine Geschichten verraten einiges über seine Persönlichkeit. Oft handeln sie von Menschen, denen etwas Unangenehmes widerfährt. Diese Lust am Leiden anderer trägt durchaus sadistische Züge. Die Belustigung über Cecil

Selbstlosigkeit: selflessness | **sadistisch:** sadistic

Walkers harte Landung, als dieser sich als Junge bei einer Mutprobe, an einem Seil befestigt, <u>von einem Ast</u> eines hohen Baumes <u>hinunterschwang</u> (S. 141 f.), mag – da von einem Kindheitserlebnis die Rede ist, das glimpflich verlief – noch verständlich sein. Carl verspottet jedoch auch Larry, seinen eigenen Sohn, mehrfach, der ihm äußerlich sehr unähnlich ist und schwächlich scheint.

Larrys Vater ist ein schlichter Mensch und weder gebildet noch intelligent. Das Wort »doppelgänger« (S. 45), ein Fremdwort im Englischen, ist ihm unbekannt und wirft ihn aus der Bahn. Er hält den Begriff für ein <u>anzügliches</u> Wort. Zugleich legt Carl Ott ein auffälliges <u>Männlichkeitsgehabe</u> an den Tag. Er meint, Sicherheitsgurte seien nur etwas für Feiglinge (S. 44), und auch den <u>Vegetarismus</u> lehnt er als unmännlich ab. Colin, ein Onkel Larrys, der beides befürwortet, erfährt deshalb seine volle Ablehnung. Carl ist <u>herrschsüchtig</u> und <u>kommandiert</u> seinen Sohn <u>herum</u> (S. 82 f.). Er bezeichnet ihn als »on the girly side« und nennt ihn auch noch »pansy« (S. 102), beschimpft ihn also als ›Schwulen‹. Wir erfahren zudem, dass sich der Körperkontakt zwischen Vater und Sohn auf »awkward handshakes« und »whippings« beschränkt (S. 39). Es ist kein Wunder, dass sich Larry ungeliebt fühlt, denn

■ Carl Ott: ein echter Mann

---

sich von einem Ast hinunterschwingen: to swing from a branch | **anzüglich:** lewd | **Männlichkeitsgehabe:** chauvinist behavior (*AE*) / behaviour (*BE*) | **Vegetarismus:** vegetarianism | **herrschsüchtig:** domineering | **jdn. herumkommandieren:** to order s. o. around

Carl wünscht sich einen Sohn, der gerne draußen spielt und sich nicht mit Büchern beschäftigt – »Which meant *Don't read all day*« (S. 82). Dass sich Larry durchaus gerne draußen aufhält, weiß er nicht, wie er überhaupt sehr wenig über seinen Sohn weiß. Beispielsweise weiß er auch nicht, dass dieser in Silas einen Freund gefunden hat (S. 95).

Carl spielt bei einer der <u>Schlüsselszenen</u> im Roman eine wesentliche Rolle: Der Kampf um das Gewehr, das zum <u>Zerwürfnis</u> zwischen den beiden Freunden führt, ist seine Idee. Er ist bei dem Kampf mehr als bloßer Zuschauer, denn er genießt die <u>Erniedrigung</u> seines Sohns durch Silas regelrecht. Er beteiligt sich sogar an dem Kampf, indem er Larry mit seinem Gürtel schlägt. Im Alkoholrausch ermuntert er die beiden zudem, mit unfairen Mitteln zu kämpfen: »fight dirty« (S. 103). Es ist ein Akt unbeschreiblicher Grausamkeit den beiden eigenen Söhnen gegenüber.

■ Ein grausamer Vater

Carls Frau ist unterwürfig und schwach. Sie leidet unter ihrem Mann, der sie betrogen hat. Zwar bleibt Carl im Umgang mit seiner Frau höflich, mehr aber auch nicht. Die Drohung seiner Frau, ihn zu verlassen, weil sie <u>ihn verdächtigt</u>, weiterhin eine Affäre mit Alice <u>zu haben</u> (S. 42), nimmt er nicht mal ernst. Ihr Ausspruch »It ain't proper« (S. 96) könnte darauf hindeuten, dass Carl tatsächlich noch immer ein Verhält-

■ Eine schwache Mutter

Schlüsselszene: key scene | **Zerwürfnis:** quarrel | **Erniedrigung:** humiliation | **jdn. verdächtigen etw. zu tun:** to suspect s.o. of doing sth.

nis mit Alice hat oder dass für sie allein die Anwesenheit von Alice und Silas schwer zu ertragen ist, zumal Carl die beiden unterstützt.

Larrys Mutter ist gläubig, und sie betet immer wieder, dass Gott ihrem Sohn einen »special friend« schicken möge (S. 97 f.). Diesen Wunsch hat Larry so verinnerlicht, dass er später Wallace Stringfellow als eben diesen von Gott gesandten Freund deutet. Dass ihr Sohn einsam ist, weiß sie also, aber eine andere Lösung, als für ihn zu beten, fällt ihr nicht ein. Insgesamt wirkt sie angesichts der schwierigen Familiensituation schwach und ohnmächtig.

Alice Jones

Alice Jones, Silas' Mutter, hat als Haushaltshilfe und Kindermädchen bei den Otts gearbeitet. Sie wird von Carl Ott schwanger und verlässt Chabot kurz darauf. Wir erfahren nichts über die Art ihrer Beziehung mit Carl. Ob sie verliebt waren ober ob er sie missbraucht hat, darüber kann man nur spekulieren. Dass Carl sie und ihren gemeinsamen Sohn mit dem Auto mitnimmt, zeigt, dass er sich zumindest zu einem gewissen Grad um sie kümmert, von der Bereitstellung der (allerdings sehr bescheidenen) Unterkunft ganz abgesehen. Ob Carl sie dazu gezwungen hat, Chabot zu verlassen, geht nicht aus dem Text hervor, scheint aber naheliegend. Noch im Pflegeheim kann sich Larrys Mut-

---

über etw. spekulieren: to speculate about s.th.

ter an Alice erinnern, <u>fällt</u> jedoch auch nach all den Jahren das gleiche negative moralische <u>Urteil</u> über sie: »loose« (›liederlich‹, S. 224).

■ Eine Frau, die weiß, dass sie schön ist

Alice Jones fällt vor allem durch ihre Schönheit auf. Ihrem Sohn Silas scheint schon als 13-Jährigem bewusst zu sein, dass seine Mutter gelegentlich ihren Körper einsetzt, um bestimmte Dinge zu bekommen.

> »Silas knew what the bus driver wanted with his mother, and he thought how he, Silas, was in a way an impediment. Without him there, she could do whatever she needed to, without witness, to get through this cold night, to get wherever she was going. He knew his mother was beautiful.« (S. 121)

Alice versteht es, sich unter schweren Bedingungen durchzuschlagen und für ihren Sohn zu sorgen. Doch weiß sie sehr genau, welche Stellung ihr in der rassistischen Gesellschaft zukommt. Nicht ohne Grund rät sie ihrem Sohn von der Beziehung mit einer Weißen ab. Die Begründung, mit der sie dies tut, ist höchst ironisch: »Son, nothing good ever come out of colors mixing« (S. 232), denn ihr eigener Sohn ist das Ergebnis einer solchen ›Mischung‹.

Alice leidet unter Einsamkeit. Obwohl sie behauptet, in Chabot Freunde und Familie zu haben – »I got people down there« (S. 117) –, hat es den Anschein, als hätte sie in Wirklichkeit niemanden dort. Womöglich

ein Urteil fällen: to make a judgement

meint sie mit dem Ausspruch einfach, dass sich zumindest Carl Ott um sie kümmern wird. Um ihren Sohn finanziell abzusichern und ihm das Studium zu ermöglichen, hat sie zwei Jobs: Sie arbeitet im Supermarkt und im Restaurant (S. 61).

Alice Jones erzieht ihren Sohn so gut sie kann. Doch wie auch Carl Ott mit Larry nicht zufrieden ist, entdeckt auch Alice <u>defizitäre</u> Aspekte in der Entwicklung von Silas. Sie hält ihn, als er bei ihrem überstürzten Umzug in den Süden davonläuft und dabei nicht an die Folgen denkt, für zu verwöhnt. Auch Alice scheut sich nicht, ihr eigenes Kind <u>mit ihrer Befürchtung zu konfrontieren</u>, er sei kein richtiger Mann: »But now I see what kind of a man it's made you, I don't know if maybe I didn't do you a disservice« (S. 126). Alice meint hiermit, dass es Silas bislang an der inneren Stärke fehle, die er nun erlangen müsse, um mit der neuen Lebenssituation zurechtzukommen. Carl Ott verbindet mit seinem Männlichkeitsideal hingegen keine inneren Werte oder Einstellung, sondern ein nach außen getragenes <u>Imponiergehabe</u>.

■ Alice' Sicht auf Silas

Cindy Walker

Cindy Walker ist hübsch, schlank und beliebt. Sie ist ein paar Jahre älter als Larry und hat bereits erste sexuelle Erfahrungen gesammelt. Sie wünscht sich,

---

defizitär: deficient | **jdn. mit etw. konfrontieren:** to confront s.o. with s.th. | **Imponiergehabe:** posturing

nicht nur dem Ort, sondern auch ihrer Familie zu entkommen, denn ihr Dasein mit der unterwürfigen Mutter und dem jähzornigen Stiefvater ist alles andere als glücklich. Cecils anzügliche Bemerkungen und seine sadistische Art verletzen sie. Ihr ist klar, dass sie in Gefahr lebt: »That Cecil's after me« (S. 146).

■ Cindys Hoffnung auf ein neues Leben

Dass sie dieser Situation entfliehen möchte, ist verständlich, doch verfolgt sie dieses Ziel ohne dabei Rücksicht auf andere zu nehmen. Sie denkt nicht darüber nach, dass sie Larry ausnutzt und ihn verletzt. Letztlich geht er an den sich an das Schein-Date anschließenden Ereignissen sogar zugrunde. Dies konnte Cindy freilich nicht vorhersehen. Dass sie sich jedoch ausgerechnet den schwachen Außenseiter Larry aussucht, um ihren Freund zu treffen – und sei dieses Treffen noch so wichtig – zeugt von charakterlicher Schwäche.

Die Frage, ob sie eventuell wiederum von Silas ausgenutzt wird, ist schwer zu beantworten: Für Silas hat die Beziehung sicherlich etwas Unbeschwertes, während sich Cindy möglicherweise (naive) Hoffnungen macht, ihr Leben durch die Beziehung mit dem sportlichen und vielversprechenden Jungen zu verbessern. Von einer tief gefühlten Liebe zu Cindy ist in Silas' Bericht jedenfalls nicht die Rede. Es wird eher der

■ Ein Objekt männlicher Begierde

körperliche Aspekt ihrer Beziehung hervorgehoben: »her soft tongue, her perfect breasts, the patch of

etw. entkommen: to escape s.th. | **ohne Rücksicht:** without consideration | **Schein-Date:** sham date | **unbeschwert:** *hier:* light

secret hair in her jeans« (S. 231). Das Mädchen erscheint als ein Gegenstand männlichen Begehrens.

Cecil Walker

Cecil Walker ist Cindys Stiefvater – und vermutlich auch ihr Mörder. Der junge Larry erzählt Silas eine <u>vielsagende</u> Geschichte über Cecil: Am Silvesterabend habe dieser seine Stieftochter mit brennenden <u>Feuerwerkskörpern</u> beworfen. Larry möchte mit dieser Geschichte belegen, dass Cecil ein »funny man« ist, der immer verrückte Dinge tut (»always doing crazy things«, S. 90). Tatsächlich zeugt die Episode jedoch von Cecils <u>Unkontrolliertheit</u> und seinem starken Hang zum <u>Sadismus</u> (Cecil Walker und Carl Ott haben hier sehr viel gemeinsam). Er begehrt seine Stieftochter, und diese Begierde äußert sich in Gewalttaten und <u>Wutausbrüchen</u>, die durch seinen starken Alkoholkonsum verstärkt werden. Noch vor Beginn der Haupthandlung stirbt Cecil an Krebs, unter schrecklichen Schmerzen, wie French quasi als Trost Silas gegenüber anmerkt (S. 255). Cecils Frau – im Text wird sie als »mouse« (S. 230) bezeichnet – ist <u>unterwürfig</u> und ihrem Mann unterlegen. Mit ihrem Erscheinen nach der Spätschicht rettet sie Larry, der von Cecil angegriffen wird, wohl das Leben.

■ Sadismus und Gewalt

---

vielsagend: telling | **Feuerwerkskörper:** firework | **Unkontrolliertheit:** uncontrollability | **Sadismus:** sadism | **Wutausbruch:** fit of rage | **unterwürfig:** subservient

Wallace Stringfellow

■ Fehlendes
Empathie-
vermögen

Wallace Stringfellow ist ca. 22 Jahre alt. Er wird bereits im ersten Kapitel als Larrys »only friend« (S. 6) bezeichnet. Stringfellow ist grob, vulgär, ein Trinker und <u>gewohnheitsmäßiger</u> Konsument von Marihuana. Seine Ausdrucksweise ist von <u>Obszönitäten</u> geprägt, obwohl sein Gesprächspartner Larry nicht hierauf eingeht und derartige Ausdrücke meidet. Schon als Kind ist Stringfellow stolz darauf, direkt vor der Kirche zu fluchen (S. 198). Er ist <u>homophob</u> und auch in jeder anderen Hinsicht beschränkt. Dass seine Persönlichkeit auch <u>krankhafte</u>, <u>psychopathische</u> Züge aufweist, wird klar, als er in sexueller Erregtheit von seinen <u>Gewaltphantasien</u> erzählt. Seine Freundin Evelyn gibt an, dass er versucht habe, sie zu <u>vergewaltigen</u>. Die Art und Weise, wie er über seine Hunde und deren grausame Schicksale spricht (S. 192 f.), zeigt sein Unvermögen, Empathie zu empfinden. Er lacht, als er von den <u>missgestalteten</u> Hundewelpen berichtet (S. 193), die er in einem Teich ertränkte.

■ Schwierige
Kindheit

Obwohl wir sehr wenig über Stringfellows Sozialisation erfahren, ist anzunehmen, dass er in instabilen Verhältnissen aufgewachsen ist. Seine Mutter hatte wohl eine Reihe von wechselnden Partnern. Vermut-

---

gewohnheitsmäßig: habitual | **Obszönität:** obscenity |
homophob: homophobic | **krankhaft:** *hier:* abnormal |
psychopathisch: psychopathic | **Gewaltphantasien:** violent
fantasies | **jdn. vergewaltigen:** to rape s.o. | **missgestaltet:**
deformed

lich ist sein sehr niedriges <u>Selbstwertgefühl</u> – »I ain't worth a shit« (S. 269) – darauf zurückzuführen, wie er als Kind behandelt wurde. Er ist nicht als ein reines Monster zu betrachten. Seine Worte »I done something« (S. 268) lassen ihn trotz seiner pathologischen Züge doch als Mensch erscheinen, der immerhin die Schuldhaftigkeit seines Handelns erkennt. Er prahlt nicht im Rausch mit seiner Tat, wie man es vielleicht hätte erwarten können, sondern ist zurückhaltend, ja beinahe verunsichert. Als unberechenbar und gefährlich erscheint er erst wieder, als ihn Silas Jones befragen möchte und er seinen Hund auf den Polizisten hetzt.

Larry merkt selbst, dass er mit Stringfellow einiges gemeinsam hat: Beide sind von Schlangen fasziniert; beide sind Außenseiter und sehr einsam. Aber es gibt einen gewaltigen Unterschied zwischen den beiden: Larry ist trotz der Ungerechtigkeit, die ihm widerfährt, letztlich ein guter Mensch; Stringfellow ist offensichtlich psychisch krank. So benennt er seinen Hund nach dem bekannten <u>Serienmörder</u> und Vergewaltiger John Wayne Gacy (1942–1994), der zwischen 1972 und 1978 mindestens 33 Jungen und junge Männer umbrachte und 1994 hingerichtet wurde. Außerdem ist er stolz darauf, dass der Hund besonders gerne Schwarze angreift. Für Stringfellow ist »Scary Larry« (S. 29), den er für einen echten Mörder und Vergewaltiger hält, eine Projektionsfläche und <u>Vorbildfigur</u>.

■ Parallelen zu Larry

Selbstwertgefühl: feeling of self-worth | **Serienmörder:** serial killer | **Vorbildfigur:** role model

Angie Baker

Angie ist die Freundin von Silas. Sie arbeitet als Sanitäterin (*EMT = emergency medical technician*). Ab und zu begegnen sich die beiden bei ihren Einsätzen. Sie ist hübsch (S. 18, 295), und zwar sowohl in Silas' Augen als auch in denen von Larry. Sie hat eine sehr direkte Art, was sich auch in ihrem Äußeren niederschlägt: »she never wore makeup or did her nails« (S. 160) – sie ist im wahrsten Sinne des Wortes ungeschminkt. Obwohl der Text an mehreren Stellen ihre Sexualität thematisiert – z. B. bei dem frivolen Austausch mit Silas: »Might be hard.« – »Damn, I hope so.« (S. 64 f.)« –, ist sie weit mehr als eine gefügige Gespielin.

■ Direkte Art

Der Name Angie erinnert an »Angel«, und tatsächlich lässt sie sich als guter Engel auffassen. Sie zeigt sich als gute Zuhörerin, die sich rasch von Silas' Fehlverhalten, seinem Schweigen über sein Verhältnis zu Cindy, ein Bild macht und ihm, ohne um den heißen Brei herumzureden, ihre Meinung kundtut: »For twenty-five years, you thought that?« (S. 235) Angie zwingt Silas durch ihre Menschlichkeit dazu, der Wahrheit ins Gesicht zu sehen und sich mit seiner Vergangenheit auseinanderzusetzen. Bisher ist Silas mit seiner Rolle bei Cindys Verschwinden mithilfe

■ Ein Engel

---

sich in etw. niederschlagen: to be reflected in s.th. | **Sexualität:** sexuality | **gefügig:** docile | **Fehlverhalten:** mistake

von <u>Verdrängung</u> zurechtgekommen: »Letting himself off the hook had been his way of life.« (S. 273) Diese fast beiläufige Bemerkung ist eine der wichtigsten Aussagen im ganzen Roman. Zwar fehlt Angie Tiefe und Komplexität (wir erfahren sehr wenig über ihr Innenleben), aber sie erscheint sehr glaubwürdig und spielt als Partnerin von Silas eine bedeutende Rolle bei seiner Selbstfindung.

Andere Figuren

Irina Mott ist eine junge Frau (vermutlich 22 oder 23 Jahre alt), die in »White Trash Avenue« wohnt. Sie ist eine Figur ohne Profil, spielt aber dennoch eine wichtige Rolle für die Handlung, denn sie ist es, die Silas wegen der Schlange im Briefkasten ruft (S. 34 f.) – und sie flirten auch miteinander. An dem Abend, an dem Silas und sie gemeinsam trinken und beinahe miteinander schlafen, liefert sie den entscheidenden Hinweis auf Stringfellow.

In ähnlicher Weise fehlen den Figuren **Jon** und **Brenda** <u>Komplexität</u> und Tiefe. Brenda ist eine Mitarbeiterin im Pflegeheim von Mrs. Ott. Jon, ein »old white man« (S. 166), der im Krankenhaus arbeitet, liefert Silas die entscheidende Information, dass Larry <u>eigenmächtig</u> das Krankenhaus verlassen hat (S. 309 f.).

Verdrängung: denial | **Komplexität:** complexity | **eigenmächtig:** on his own authority

Die zweimal geschiedene, etwa 50-jährige **Von-cille**, die im Rathaus arbeitet und als Town Clerk das höchste Amt im kleinen Ort bekleidet, gehört wie **French** zu einer Gruppe von Personen, die die Hauptfigur aus dem Ermittlerkreis, Silas, umgibt und dabei für <u>Lokalkolorit</u> sorgt. Der CI (*criminal investigator*) French ist ein <u>abgebrühter</u> Vietnamveteran und ehemaliger Wildhüter (»game warden«, S. 16). Seine positiven Eigenschaften sind: Stärke und einen kühlen Kopf in Krisensituationen bewahren; negative Eigenschaften sind: <u>Engstirnigkeit</u>, Mangel an kritischem Verstand zugunsten von <u>Handlungsbereit-schaft</u>, ein <u>ordinärer Sprachgebrauch</u> (z. B. »mother-fuckers«, S. 72).

Eher im Hintergrund bleibt eine Reihe von Figuren, die fast nebenbei erwähnt werden und teilweise gar nicht auftreten. Zu nennen sind **Oliva**, eine Postange-stellte, mit der Silas eine kurze Affäre hatte; **Evelyn**, die von Stringfellow beinahe vergewaltigt wird; **Uncle Colin**, dessen einzige Rolle darin besteht, Licht auf den Charakter von Larrys Vater zu werfen; die Reporterin **Shannon Knight**; **Charles Deacon**, ein Drogenabhängiger; und schließlich **M&M**, den wir nie lebend kennenlernen. Von **Tina Rutherford**, Stringfellows Opfer, erfahren wir nur, dass sie aus gu-

---

Lokalkolorit: local colour | **abgebrüht:** hard-nosed | **Eng-stirnigkeit:** narrowmindedness | **Handlungsbereitschaft:** readiness to act | **ordinärer Sprachgebrauch:** uncouth language

ter Familie stammt. All diese Nebenfiguren haben entweder die Funktion, die Handlung voranzutreiben oder zum Lokalkolorit beizutragen und dem Roman so <u>Authentizität</u> zu verleihen.

Authentizität: authenticity

4. Form und literarische Technik

Die Struktur des Romans

Crooked Letter, Crooked Letter besteht aus 19 unterschiedlich langen Kapiteln. Die <u>ungeraden</u> Kapitel werden aus der Perspektive von Larry erzählt; die <u>geraden</u> aus derjenigen von Silas. Während Larry am Ende des ersten Kapitels schwer verletzt ins Krankenhaus gebracht wird, lebt Silas sein Leben weiter. Die <u>Rückblenden</u> aus seinem Leben sind daher in seinen Alltag eingebettet, er denkt selbst an Vergangenes zurück. Die Rückblenden aus Larrys Perspektive hingegen werden von der Erzählstimme eingeleitet, da Larry selbst <u>bewusstlos</u> im Krankenhaus liegt: »It was just after dawn in March 1979« (S. 38); »It was 1982« (S. 129).

> Von entscheidender Bedeutung ist das erste Kapitel des Romans. Hier wird die Aufmerksamkeit des Lesers auf gleich zwei Verbrechen gelenkt: das Verschwinden Tina Rutherfords und die Schüsse auf Larry. Quasi nebenbei fällt hier auch der Name »Cindy Walker« (S. 7) zum ersten Mal. In den nächsten Kapiteln, die zum größten Teil Rückblenden sind, wird Stück für Stück die Wahrheit über Larrys Vergangenheit und über Cindys Schicksal gelüftet.

Als Höhepunkt des Romans kann Kapitel 14 gese-

■ Eine doppelte Perspektive

---

ungerade: odd | **gerade:** even | **Rückblende:** flashback | **bewusstlos:** unconscious

hen werden, denn hier kommt es zur Konfrontation von Silas und Stringfellow, von Ermittler und Widersacher. Der Ausgang dieser Begegnung bleibt zunächst ungewiss: Silas liegt verletzt am Boden; der angeschossene Stringfellow kann entkommen und flieht in den Wald.

Das längste Kapitel des Romans, Kapitel 7, umfasst 30 Seiten. Es ist somit ungefähr sechsmal so lang wie die kürzesten Kapitel. Während die längsten Kapitel des Romans dem Blick in die Vergangenheit gewidmet sind (ein gutes Beispiel dafür ist besagtes Kapitel 7, das mit dem Verschwinden Cindy Walters endet), fallen die Kapitel gegen Ende des Romans hin kürzer aus. Hier werden beim sogenannten Dénouement (der Auflösung des Konflikts) die Stränge der Handlung zusammengeführt: Tina Rutherfords Mörder ist gefunden, wir wissen, wer auf Larry geschossen hat, und auch der Mord an M&M wird geklärt. Obwohl Einzelheiten unbekannt bleiben, gilt auch der Fall Cindy Walker als geklärt. Da man annimmt, dass Cindys Stiefvater ihr Mörder ist, gilt Larry Ott nunmehr als unschuldig. Silas gibt seine Rolle bei Cindys Verschwinden und seine Beziehung zu ihr zu. Silas und Larry akzeptieren, dass sie Halbbrüder sind.

■ Die Auflösung des Konflikts

Ein wesentliches Merkmal des Romans sind die vielen Gegensätze, die ihn prägen: Larry ist weiß und einsam, Silas hingegen schwarz und beliebt. Larry ist

angeschossen: shot | **Dénouement:** denouement | **Strang:** strand

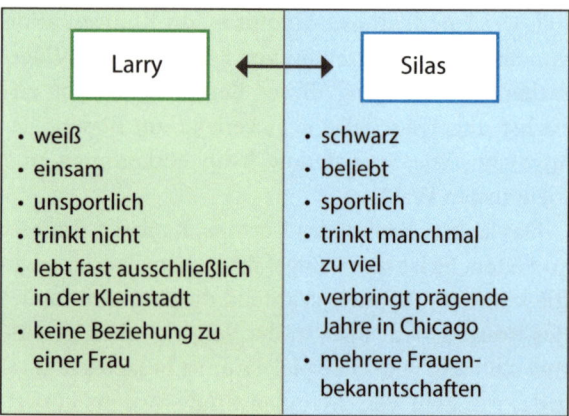

Abb. 2: Die beiden Hauptfiguren: Zwei gegensätzliche Halbbrüder

unsportlich, Silas genießt für seine sportlichen Leistungen große Anerkennung. Larry trinkt nicht, Silas trinkt gerne (und gelegentlich zu viel). Larry schließlich ist durch und durch ein Kind vom Land und kehrt auch gleich nach seinem Dienst in der Armee wieder in seine kleine Heimatstadt zurück; Silas verbringt entscheidende Jahre seines Lebens in der Großstadt Chicago. Aber nicht nur die beiden Hauptfiguren sind gegensätzlich angelegt, auch andere Figurenpaare sind betroffen: Cindy wird nie gefunden, Tina schon. Cindy stammt aus einer armen Familie, Tina ist reich und privilegiert. Cindy lernt der Leser kennen, Tina nicht. Sicherlich kann man noch weitere Gegensätze in *Crooked Letter, Crooked Letter* entdecken. Dem Roman verleihen solche gegensätzlichen <u>Paarungen</u> insgesamt eine straffe Struktur.

Die Erzählstimme

Es ist hilfreich und entspricht auch dem natürlichen Vorgang des Lesens, wenn man die beiden Erzählperspektiven von *Crooked Letter, Crooked Letter*, d. h. die Perspektive von Larry und diejenige von Silas, als eine Einheit akzeptiert, die die Geschichte erzählt. Man spricht in diesem Fall von einer <u>Erzählinstanz</u>. Nicht Tom Franklin erzählt uns die Geschichte, sondern diese Erzählinstanz. Sie berichtet aus sich stetig miteinander abwechselnden Perspektiven, um dann im neunzehnten, dem letzten Kapitel aus beiden Perspektiven zu erzählen, die somit letztlich miteinander vereint werden. Man kann sich das Ganze wie ein <u>Reißverschluss</u> vorstellen.

■ Abwechselnde Perspektiven

Die Erzählperspektive in *Crooked Letter, Crooked Letter* lässt sich als <u>personale Erzählsituation</u> beschreiben. Diese Erzählsituation zeichnet sich dadurch aus, dass der Erzähler sozusagen in die Haut einer oder mehrerer Figuren schlüpft. Ein gutes Beispiel hierfür findet sich am Anfang des dritten Kapitels: »Larry woke before his mother knocked. It was a Saturday, the first day of summer […]. He dressed quick-

■ Personale Erzählsituation

Paarungen: pairings | **Erzählinstanz:** narrator; narrative voice | **Reißverschluss:** zipper (*AE*) / zip (*BE*) | **personale Erzählsituation:** third-person narration

ly in the clothes he'd chosen the night before [...]«
(S. 80). An dieser Stelle werden die Ereignisse aus
Larrys Perspektive erzählt. Der Leser nimmt die erzählte Welt durch Larrys Augen war. Grammatisch
wird die Geschichte dabei in der 3. Person Singular
wiedergegeben. Ein solcher personaler Erzähler unterscheidet sich deutlich von dem in vielen Romanen
so beliebten <u>allwissenden Erzähler</u> (hier spricht man
von einer auktorialen Erzählsituation). So ist der all-
wissende Erzähler nicht auf die Perspektive einer bestimmten Figur beschränkt, vielmehr verfügt er über
eine Art Übersicht und ist deshalb in der Lage, die Ereignisse aus einem gewissen Abstand heraus zu kom-
mentieren, oft mit ironischem Unterton.

Das personale Erzählen, wie es in *Crooked Letter,
Crooked Letter* praktiziert wird, ist sehr gut geeignet,
um Spannung zu erzeugen, da Leser und Hauptfigur
in der Regel über denselben Wissensstand verfügen.
Allerdings entsteht dadurch, dass die Geschehnisse
des Romans abwechselnd aus den Perspektiven von
Larry und Silas erzählt werden, doch ab und an ein
<u>Missverhältnis</u>, was den Wissensstand von Leser und
Romanfigur betrifft: Da der Leser auch die Perspektive von Larry kennt, kann es beispielsweise vorkom-
men, dass er viel mehr über einen bestimmten Zusammenhang weiß als Silas – oder umgekehrt.

Die personale Perspektive ermöglicht zudem ein

■ Erzeugen
von Span-
nung

---

allwissender Erzähler: omniscient narrator | **Missverhältnis:**
imbalance

Erleben des subjektiven Empfindens der jeweiligen Figur. Auch Gedanken der Figur, die ja eigentlich nicht selbst erzählt, sind dem Leser somit zugänglich. Dieses Phänomen lässt sich gut an einer Episode aus Kapitel 3 illustrieren, in der sich Larry der Hütte nähert, in der Silas und seine Mutter leben: »He wondered [...] if Silas did his homework by firelight. [...] Larry wondered if he could get closer« (S. 59). Larrys Gedanken und Überlegungen werden dabei nicht in direkter, sondern in indirekter Rede wiedergegeben. Das betrifft natürlich nicht nur solche vergleichsweise banalen Überlegungen, sondern auch Gedanken, die die Emotionen der Figur widerspiegeln.

Die Gattungsfrage: Kriminalroman oder Thriller?

Crooked Letter, Crooked Letter wurde 2011 als »Best Crime Novel of the Year« mit dem *Gold Dagger Award* ausgezeichnet. Dies lässt darauf schließen, dass es sich bei diesem Buch vermutlich um einen Kriminalroman handelt. Diese Begründung mag banal klingen, hat jedoch einen tieferen Hintergrund, denn tatsächlich handelt es sich beim Kriminalroman um eine <u>Gattung</u>, die in sehr hohem Maße von der Einschätzung des Publikums bzw. von dessen Erwartungen bestimmt wird. Am besten ist dies am <u>Umschlagdesign</u> eines typischen Kriminalromans zu er-

Gattung: genre | **Umschlagdesign:** cover design

kennen, das sich stark nach den <u>Bedürfnissen</u> und Erwartungen des Publikums richtet: Das lässt sich sehr gut in Buchhandlungen beobachten, wo Kriminalromane mit einer begrenzten Anzahl von Cover-Motiven aufwarten und so die Aufmerksamkeit der Krimifans auf sich lenken wollen (das Gleiche gilt natürlich auch für andere Gattungen wie z. B. den Liebesroman). Der Kriminalroman ist ein Genre, das auf ein <u>Massenpublikum</u> zielt. Krimis sind aus mehreren Gründen beliebt: Neben der Kombination von Angst und <u>Spannung</u> kommt noch die Identifikation mit dem Helden hinzu, der das Verbrechen aufklärt.

Es gibt allerdings durchaus auch gute Gründe, *Crooked Letter, Crooked Letter* nicht als Kriminalroman, sondern als »Thriller« zu bezeichnen. Während die Struktur eines Kriminalromans an sich relativ einfach ist, da die Handlung zumeist vergleichsweise linear auf die <u>Aufklärung eines Verbrechens</u> hin komponiert ist, wartet der Thriller mit zusätzlichen Aspekten und Ereignissen auf, wodurch seine Struktur komplexer wirkt. Der Kriminalroman beginnt typischerweise mit einem Mord. Im Anschluss wird nach dem Mörder gefahndet, dessen Tatmotive werden geklärt, und zum Schluss wird der Täter überführt. Der Fall ist gelöst. Typischerweise ist der Personenkreis im Kriminalroman ein geschlossener, wobei die Figuren oftmals stark <u>typisiert</u> dargestellt werden

■ Krimi oder Thriller?

Bedürfnisse: needs and wants | **Massenpublikum:** mass audience | **Spannung:** suspense | **ein Verbrechen aufklären:** to solve a crime | **typisiert:** typified

(der Butler, der Pfarrer, der Arzt). Der <u>Schauplatz</u> der Handlung ist häufig entlegen und einsam: ein Schloss, eine Insel oder dergleichen. In vielen Fällen ist der Detektiv ein Mensch mit einer besonderen Persönlichkeit (wie z. B. Hercule Poirot, Sherlock Holmes oder Maigret).

Die Struktur des Thrillers unterscheidet sich vom Kriminalroman darin, dass am Anfang nicht unbedingt ein Verbrechen, sondern auch ein anderes ungewöhnliches Ereignis stehen kann. *Crooked Letter, Crooked Letter* beginnt etwa mit dem Verschwinden Tina Rutherfords, ein Ereignis, das schnell wieder in den Hintergrund tritt und nicht im Zentrum der Handlung steht. Die für einen Kriminalfall oftmals typische ›Leiche‹ fehlt hier also.

Ein wichtiges Element von Thrillern sind detailliert geschilderte Kampfszenen. Bei solchen Kampfszenen stirbt der Held nicht, sondern bekommt im letzten Augenblick noch Hilfe. In *Crooked Letter, Crooked Letter* wird auch der schwer verletzte Silas gerade noch rechtzeitig gefunden. Der Täter wählt in Thrillern in der Regel eine Methode des Angriffs, die dem Helden einen möglichst <u>qualvollen Tod</u> bereiten soll. In *Crooked Letter, Crooked Letter* wird ein Kampfhund als Waffe benutzt.

Örtlichkeiten wie Bars und andere düstere <u>Etablissements</u> sind für Kriminalromane wie auch in gerin-

---

Schauplatz: scene | **ein qualvoller Tod:** a painful death | **Etablissement:** establishment

gerem Maße für Thriller typisch. Es ist bezeichnend, dass Silas in *Crooked Letter, Crooked Letter* die entscheidenden Hinweise zur Aufklärung des Falls in einer Bar bekommt. Ein weiteres wichtiges Element des Kriminalromans ist das Verhör. In Franklins Roman findet auch ein Verhör statt, allerdings sehr spät im Roman, und dabei wird nicht der Täter Stringfellow, sondern Larry verhört.

Am Ende des Kriminalromans findet die Rekonstruktion des Tatvorgangs in chronologischer Folge statt. Oft sorgt der Ermittler selbst für diese Rekonstruktion und demonstriert dabei Scharfsinn und Überlegenheit. In *Crooked Letter, Crooked Letter* wird eine interessante Technik verwendet, um Licht ins Dunkel zu bringen: Ein Fernsehbericht liefert die letzten Details des Verbrechens. Dies passt zur Handlung und ist angesichts der gestörten Kommunikation zwischen Silas, Larry und French plausibel.

Wesentlich für einen Thriller ist, dass sich die Spannung auf das bezieht, was noch passieren kann, und nicht wie beim Kriminalroman auf das, was schon passiert ist und dessen Aufklärung. In Franklins Roman spielen beide Aspekte eine Rolle.

Die vorangegangenen Überlegungen zeigen, dass sich Franklins Roman weder der einen noch der anderen Gattung eindeutig zurechnen lässt. Der Versuch einer eindeutigen Gattungszuordnung erübrigt sich

■ Ungeklärte Gattungsfrage

Verhör: police interview | **Scharfsinn:** perspicacity | **Überlegenheit:** superiority

vielleicht auch einfach angesichts der Tatsache, dass es sich bei *Crooked Letter, Crooked Letter* eben um einen sehr <u>vielschichtigen</u> Roman handelt.

Franklins Kunst, Spannung zu erzeugen

Egal, ob es sich nun bei Franklins Roman um einen Krimi oder doch um einen Thriller handelt, unzweifelhaft ist, dass es der Autor sehr gut versteht, Spannung zu erzeugen. Hierzu wendet er verschiedene Techniken an: Im ersten Kapitel entsteht dadurch Spannung, dass der Leser <u>irregeführt wird</u>. Der erste Satz des Romans hat dabei die Funktion, den Leser <u>aufzuschrecken</u>: »The Rutherford girl had been missing for eight days when Larry Ott returned home and found a monster waiting in his house« (S. 1). Allerdings wird der Leser dann durch eine ausführliche Beschreibung von Larrys Alltag abgelenkt. Nach der anfänglichen Anspannung ist die Stimmung nun also eher entspannt. Der Erzähler liefert unaufgeregt Einzelheiten aus dem <u>eintönigen</u> Leben Larrys. Der Leser erfährt nichts Schockierendes und wähnt sich sozusagen in Sicherheit – bis die Falle zuschnappt und Larry angeschossen wird.

Franklin beherrscht weitere Strategien, um mit den Erwartungen seiner Leser zu spielen und diese zu täuschen: Ebenfalls gleich im ersten Kapitel wird der Na-

---

vielschichtig: multi-layered | **jdn. irreführen:** to mislead s.o. | **jdn. aufschrecken:** to startle s.o. | **eintönig:** monotonous

me des Täters Wallace Stringfellow genannt, wobei er als Larrys »only friend« (S. 6) bezeichnet wird. Diese

Der Autor und seine Leser

verblüffend einfache Technik der <u>Erwartungslenkung</u> hat eine starke Wirkung, denn die allermeisten Leser kommen nicht darauf, dass der Mann, der Larry angeschossen hat, mit seinem ›einzigen Freund‹ identisch sein könnte. So findet ein Wechselspiel zwischen den gedanklichen Bemühungen des Lesers, den Fall zu lösen, und den Strategien des Autors statt, ihn in die Irre zu führen und die Spannung aufrechtzuerhalten.

Antiklimax

Eine weitere Technik der Spannungserzeugung ist die der <u>Antiklimax</u>. Als Silas in Kapitel 4 im Schuppen auf der Suche nach Spuren und Hinweisen ist, herrscht eine unheimliche, bedrohliche Atmosphäre: Der Tatort, wo Larry Ott beinahe verblutet wäre, befindet sich in unmittelbarer Nähe. Silas hört ein unheimliches Geräusch und nimmt einen seltsamen Geruch wahr. Einen Augenblick denkt er, dass ein menschlicher Körper der Ursprung sein könnte (S. 70). Als er eine Tür öffnet, flattert ihm ein Wesen entgegen und Silas erschreckt sich so sehr, dass sich ein Schuss aus seiner Pistole löst. Die englischsprachige Bezeichnung ›Jump scare‹ ist sehr passend für dieses Phänomen. Auch der Leser ist höchst angespannt und erschrickt sich. Noch stärker ist diese physische Reaktion bei Filmzuschauern, wenn diese spannungsgeladenen Situationen gut umgesetzt werden. In Franklins Roman stellt sich dann heraus, dass Silas nur mit völlig harmlosen Hühnern zu tun hat.

Erwartungslenkung: influencing [the readers'] expectations | **Antiklimax:** anticlimax

Vorboten und Vorausdeutungen sind ein seit Jahr-tausenden bewährtes Mittel, um einen narrativen Text wirkungsvoll zu gestalten. In Franklins Roman lassen sich die aggressiven Hunde in der »White Trash Avenue« in Kapitel 2 als Vorboten des Unheils in Ka-pitel 14 verstehen, in dem beschrieben wird, wie Silas von Stringfellows Kampfhund schwer verletzt wird. Ein Beispiel für eine Vorausdeutung – ebenfalls in Ka-pitel 2 – ist die Bemerkung, Alice habe Larry ange-sprochen »as if she knew him« (S. 39). Diese Tatsache irritiert nicht nur den jungen Larry, auch dem auf-merksamen Leser erscheint sie etwas rätselhaft. Erst viel später im Roman wird aufgeklärt, dass Alice Larry tatsächlich gut kannte, da sie sein Kindermädchen war.

■ Vorboten und Voraus-deutungen

Besonders spannend wird es auch dann, wenn der Leser mehr als die Figuren weiß. In *Crooked Letter, Crooked Letter* ist der Leser über die Beziehung zwi-schen Wallace Stringfellow und Larry sehr gut infor-miert und ahnt, dass der vermeintliche Freund ge-fährlich sein könnte. In Kapitel 9 hat der Leser schon einen starken Verdacht, dass es sich bei Stringfellow um den Täter handelt, weil er von dessen krankhaften Phantasien weiß und ahnt, dass er die Pistole benutzt haben könnte, die er Larry zu Weihnachten geschenkt hat. Die Szene in Kapitel 10, als Stringfellow nachts im Krankenhaus auftaucht, erscheint dem Leser deswe-

■ Wenn der Leser mehr als der Detektiv weiß

Vorbote: precursor, harbinger | **Vorausdeutung:** fore-shadowing

gen besonders bedrohlich, denn er vermutet, dass Stringfellow Larry umbringen möchte.

Kurzum: Der Leser weiß mehr als der Ermittler und erkennt, in welche Gefahr sich Silas begibt, was zusätzliche Spannung erzeugt.

Sprachliche Besonderheiten

Schlichtheit versus Poesie

Die Sprache in *Crooked Letter, Crooked Letter* zeichnet sich stellenweise durch <u>Schlichtheit</u> und Kürze aus, wobei dennoch oftmals scheinbar überflüssige Details erwähnt und hierdurch hervorgehoben werden. Hier zur Veranschaulichung drei Beispiele:

■ Schlichtheit: parataktische Detailschilderung

- »He braked and downshifted and did a three-point turn and pulled onto a small dirt road.« (S. 9)
- »Silas searched through a wad of keys for the one with a green tag and let himself in the gate and drove through and parked on the other side and closed the gate and locked it behind him.« (S. 10)
- »Silas braked, signaled, and turned […].« (S. 66)

Die Struktur der Sätze ist denkbar einfach. Es handelt sich um <u>Parataxen</u>. Trotzdem wirken diese Beschreibungen scheinbar unwichtiger Vorgänge <u>umständlich</u>,

Schlichtheit: simplicity | **Parataxe:** parataxis | **umständlich:** long-winded

als hätte sich der Autor <u>über Gebühr</u> Nebensächlichkeiten gewidmet. Diese Genauigkeit hat zwei Funktionen: Zum einen lässt sie den Leser am Geschehen teilhaben, da er sich jedes Detail vorstellen kann und so ein Eindruck von Unmittelbarkeit entsteht. Zum anderen lässt diese Aneinanderreihung von Ereignissen auch auf die handelnde Figur selbst schließen, sie zeugt von ihrer erhöhten Aufmerksamkeit und trägt zu dem Eindruck bei, dass Silas als Ermittler auf jedes Detail achtet.

Zugleich finden sich in *Crooked Letter, Crooked Letter* zahlreiche Stellen, die sich durch große sprachliche Schönheit auszeichnen. Zu den auffälligsten Stilmitteln, die dem Text eine gewisse Poesie verleihen, gehören Vergleiche, Personifikationen und Metaphern. Mit dem Vergleich »bitterweed in the middle of the road wiping the hood like brushes at a carwash« (S. 10) wird z. B. Silas' Fahrt auf einer engen Forststraße veranschaulicht und die Situation atmosphärisch aufgeladen: Der Weg gleicht einem engen dunklen zugewachsenen Kanal, der kaum Sicht nach vorn zulässt.

■ Poesie: Vergleich, Personifikation, Metapher

Wenig später steigt Silas aus dem Auto und nähert sich zu Fuß dem Ort, an dem er dann die Leiche von M&M findet. Diese Szene wird sprachlich besonders künstlerisch beschrieben:

»The underbrush thinned as he went, the air hotter, muggier, and suddenly the trees had thrown open

über Gebühr: excessively

their arms to a high white sky, a burst of glowing logs and schools of steaming toadstools and clouds of gnats, wet leaves sparkling like mirrors and a spiderweb's glowing wires.« (S. 13)

Die Personifikation der Bäume mittels des Ausdrucks »thrown open their arms« sorgt dafür, dass sich der Leser die <u>Plötzlichkeit</u>, mit der Silas die <u>Lichtung</u> wahrnimmt, noch intensiver vorstellen kann. Der Himmel wird nicht nur einfach sichtbar, in Silas' Wahrnehmung sind es die Bäume, die ihm den freien Blick in den Himmel aktiv ermöglichen, indem sie scheinbar ihre Äste in Richtung Himmel hochreißen. Darauf folgt ein Reim »high white sky«, der den Rhythmus des Satzes <u>verlangsamt</u> und das Staunen des Beobachters hervorhebt. Es schließt sich eine Beschreibung des Sumpfes an, die mit Alliterationen (»*st*eaming toad*st*ools«) und Metaphern (das Spinnennetz als Draht) arbeitet. Schließlich wird durch eine Wiederholung des Wortes »glowing« das Leuchtende der Szenerie hervorgehoben. Gerade Naturbeschreibungen gelingen Franklin dank kunstvoll gestalteter Sätze und vorsichtig gewählter Vokabeln besonders eindrücklich.

Plötzlichkeit: suddenness | **Lichtung:** clearing | **etw. verlangsamen:** to slow s.th. down

Die Kunst der sprachlichen Verknappung

Neben der gerade beschriebenen sprachlichen Üppigkeit, die sich hier offenbart, gibt es sehr viele Stellen,
die von einer ausgeprägten Effizienz der Kommunikation zeugen. Ein Satz aus dem ersten Kapitel veranschaulicht eine in *Crooked Letter, Crooked Letter* sehr
häufig eingesetzte Technik der sprachlichen Verknap-
pung:

■ Ellipsen in
Schilde-
rungen

> »It'd stormed the night before over much of the
> Southeast, flash floods on the news, trees snapped in
> half and pictures of trailer homes twisted apart.« (S. 1)

In diesem Satz werden bestimmte sprachliche Elemente weggelassen. Man bezeichnet dieses Phänomen als
Ellipse. Genau genommen sind elliptische der Sätze
grammatikalisch nicht korrekt, dafür aber oftmals umso wirkungsvoller. Die Sprache ist komprimiert und
schlicht. Die Kombination von Nachrichtenbildern
und der Schilderung des tatsächlichen Naturereignis-
ses ist geschickt von Franklin angelegt: Durch die
schnelle Abfolge der einzelnen intensiven Bilder kann
sich der Leser die Kraft des Sturms sehr gut vorstellen.
Auch im folgenden Beispiel wird die Ellipse wirkungsvoll zur Vergegenwärtigung einer Szene einge-
setzt:

> »He reached in and clicked the light on. Smell of
> grease and old dust, not unpleasant.« (S. 108)

Die Verkürzung der Sätze dient dazu, die <u>Sinnesein-</u><u>drücke</u>, die Silas in der Werkstatt sammelt, möglichst unmittelbar wirken zu lassen.

Diese Technik, Satzglieder auszusparen und andere Satzelemente aneinanderzureihen, ist in Franklins Roman prägend. Authentizität und <u>Unmittelbarkeit</u> werden dabei auch dadurch erzeugt, dass Ellipsen insbesondere für die gesprochene Sprache typisch sind. Hier noch einige weitere Beispiele zur Veranschaulichung:

- »It was a mile to his nearest neighbor and another to the crossroads store, closed for years.« (S. 1) Man ergänze: »[...] *which had been*, closed for years.«
- »Mayor Mo wanted to fire him for talking on the phone, let him.« (S. 37) Man ergänze: *»If* Mayor Mo [...]«
- »Only here once and he still remembered it.« (S. 68) Man ergänze: *»He had* only *been* here once [...]«
- »Tough with one hand.« (S. 302) Man ergänze: »*It was / It would have been* tough [...]«

Der Dialekt des amerikanischen Südens

Neben den oben beschriebenen Ellipsen gibt es in *Crooked Letter, Crooked Letter* eine Vielzahl von anderen sprachlichen Phänomenen, die für Authentizität sorgen. Besonders gut bringt Franklin die typische

Sinneseindruck: sensory impression | **Unmittelbarkeit:** immediacy

Südstaaten-Aussprache zur Geltung. Der sogenannte »Southern Drawl« besteht in der Neigung, Wörter anders als üblich zu betonen (»*in*surance«, »*ce*ment« sind zwei häufig genannte Beispiele) und auch bestimmte Vokale zu verlängern. Das lässt sich in der Schriftform nur bedingt darstellen. Hier einige Beispiele, um die zugleich breitere und auch sparsame Redeweise der Südstaatler zu illustrieren:

■ Southern Drawl

- »Gone try.« (S. 18) *I am going to try*
- »He gone make it?« (S. 64) *Is he going to make it?* [= survive]
- »sum bitch« (S. 101) *son-of-a-bitch*
- »ever day« (S. 176) *every day*

Typisch für den Dialekt der Südstaaten ist auch das Wegfallen des ersten Vokals: »bout« (S. 33) statt *about*, »cept« (S. 74) statt *except*, »nother« (S. 193) statt *another*, »preciate« (S. 177) statt *appreciate*.

Weiterhin fällt eine Reihe ungewöhnlicher Verbformen auf:

■ Ungewöhnliche Verbformen

- »[…] we done killed Cecil.« (S. 141) *We have killed Cecil.*
- »I ain't sneak.« (S. 59) *I didn't sneak up on you.*

Darüber hinaus gibt es Wortformen wie »thank« (S. 53) statt *thought*, »brung« statt *brought* (S. 17) und »teefs« (S. 53) statt *teeth*, die inkorrekt sind und den niedrigen Bildungsgrad des Sprechers offenbaren.

Die Anrede: Ma'am und Sir

Auch <u>soziale Konventionen</u> schlagen sich im Sprachgebrauch nieder. Der Gebrauch der Anrede »Ma'am« ist typisch für den Süden und spiegelt das Bedürfnis nach einem höflichen Miteinander wider – negativ gewendet schwingt dabei jedoch auch die historische Last einer streng hierarchischen Gesellschaft mit. Besonders deutlich wird dies, als der junge Silas aus Chicago in den Süden kommt und eine Frage mit einem einfachen »No« beantwortet, was die Bedienstete am Busbahnhof, die dem Kind insgesamt freundlich begegnet, reflexartig korrigiert: »›No, *ma'am*,‹ she corrected« (S. 124). Sie hat dabei wohl nichts anderes im Sinn, als dem Jungen eine <u>Höflichkeitsfloskel</u> beizubringen, die ihm noch nicht geläufig ist. Anders verhält sich das, als der gewalttätige Cecil Walker darauf besteht, von Silas mit »Sir« angesprochen zu werden (S. 143). Er möchte in dieser Situation den schwarzen Jungen demütigen und seine Macht demonstrieren.

Typisch für den Süden ist auch die Anrede »Y'all«, die dazu dient, eine Gruppe von zwei oder mehr Personen anzusprechen:

- »Didn't yall play ball together?« (S. 20) *Habt ihr nicht früher zusammen Ball gespielt?*
- »Yall still talk?« (S. 20) *Sprecht ihr noch miteinander?*

soziale Konventionen: social conventions | **Höflichkeitsfloskel:** polite phrase

In Franklins Roman wird oftmals hemmungslos geflucht, ebenso häufig weichen die Figuren jedoch auch, um explizite Ausdrücke zu vermeiden, auf Ersatzformen aus. Der Ausdruck ›heing and sheing‹ (»he'd and she'd«, S. 117) ist eine Umschreibung für Geschlechtsverkehr. Diese Ersatzformen werden insbesondere dann verwendet, wenn Kinder anwesend sind, so z. B. als Carl Ott die Geschichte von Cecil Walker erzählt: »Son-of-a-blank and mother blanker and G. D. this and G. D. that–« (S. 141) – hier steht »blank« für *bitch* und »blanker« für *fucker*; »G. D.« für *goddamn*.

■ Flüche und Ersatzformen

Charakteristisch für *Crooked Letter, Crooked Letter* ist zudem, dass die Alltagsgespräche der Figuren oft Anspielungen enthalten, die typisch für den Süden sind. Als Silas hofft, für seine guten beruflichen Leistungen belohnt zu werden, stellt er sich etwa vor, zu einem »black Buford Pusser« (S. 29) zu werden. Buford Pusser (1937–1974) war ein legendärer, auch in der Popkultur verewigter Sheriff. Carl Ott wiederum, zu dessen wenigen guten Eigenschaften gehört, dass er ein guter Erzähler ist, berichtet, dass Cecil Walker bei einer Mutprobe zu viel Alkohol getrunken hatte und »drunk as Cooter Brown« (S. 141) war. Damit spielt er auf einen Bewohner des Grenzgebiets zwischen den Nord- und den Südstaaten an, der, um nicht am Bürgerkrieg teilnehmen zu müssen, beschloss, sich einfach zu betrinken.

■ Lokale Anspielungen

legendär: legendary | **Grenzgebiet:** border territory | **Bürgerkrieg:** Civil War | **sich betrinken:** to get drunk

Aussage oder Frage?

Franklin wendet ein weiteres sprachliches Mittel an, um den Dialogen in *Crooked Letter, Crooked Letter* Authentizität zu verleihen. Es handelt sich dabei um ein vergleichsweise unauffälliges Phänomen mit großer Wirkung, das in den folgenden vier Beispielen zu beobachten ist. Hier wird ein <u>Aussagesatz</u> jeweils mit einem Fragezeichen abgeschlossen:

- »Well, […] we on what dish technicians call a installation drive?« (S. 185)
- »I got me a good one. Part pit bull, part Chow? Name John Wayne Gacy?« (S. 192)
- »We went back to that church next week?« (S. 199)
- »We at Larry Ott's house like you said?« (S. 37)

Der Sprecher hebt also am Ende des Aussagesatzes die <u>Tonhöhe</u> seiner Stimme an – ein Phänomen, das üblicherweise eine Frage signalisiert. Durch diese sogenannte ›High rising intonation‹ (HRI)[1] bekommen die Äußerungen eine besondere Qualität. In *Crooked Letter, Crooked Letter* hat vor allem Wallace Stringfellow, von dem die oben angeführten ersten drei Beispiele stammen, diese Angewohnheit. Im letzten Beispiel spricht Angie.

Es gibt zwei Theorien, warum Sprecher diese Technik (unbewusst) einsetzen: Zum einen könnte sich

■ High rising intonation (HRI)

Aussagesatz: statement | **Tonhöhe:** pitch

hierdurch eine grundsätzliche <u>Unsicherheit</u> des Sprechers ausdrücken; zum anderen könnte der Sprecher auf diese Weise versuchen, die Aufmerksamkeit seines Gegenübers zu bekommen und zu behalten. Den obigen Beispielen ist gemein, dass sowohl die Sprecher Wallace als auch Angie, als sie diese Sätze äußern, eine intensive Beziehung zu ihrem Gegenüber aufzubauen versuchen. Dies lässt darauf schließen, dass das Anheben der Tonhöhe eher dazu dienen soll, die Aufmerksamkeit des Gegenübers zu bekommen und zu behalten.

HRI ist nachweislich häufiger bei Sprechern mit <u>niedrigem Bildungsgrad</u> zu hören und auch, so scheint es, besonders häufig bei jungen Frauen. Interessanterweise ist HRI bei jungen Frauen aus Mississippi schon 1963 in einem Bericht über den Rassismus an der University of Mississippi *Twirling at Ole Miss* von Terry Southern erwähnt worden. Das sprachliche Phänomen wird dabei als »that oddly rising inflection peculiar to girls of the South, making parts of a reply sound like a question« beschrieben.[2] Auch dieses Detail zeigt, wie Franklin sich bemüht, die Figuren eine möglichst authentische Sprache sprechen zu lassen.

Unsicherheit: uncertainty | **niedriger Bildungsgrad:** a low level of education

Symbole und Motive

Die Waffe

Schusswaffen sind aus der US-amerikanischen Kultur nicht wegzudenken. Auch wenn der Rest der Welt über das in der US-amerikanischen Verfassung <u>verankerte</u> Recht, eine Waffe zu besitzen,[3] den Kopf schüttelt: In weiten Teilen der USA sind Schusswaffen häufig positiv konnotiert und mit Freiheit Selbstständigkeit, Männlichkeit und Aufrichtigkeit assoziiert.

■ Symbol für Männlichkeit

Die öffentliche Debatte um schärfere Waffengesetze teilt die US-Gesellschaft in zwei Lager, und zwar durch alle sozialen Schichten hindurch. Die T-Shirts, die French in *Crooked Letter, Crooked Letter* trägt, sind in diesem Zusammenhang zu thematisieren. Darauf sind Sprüche zu lesen, die sich ganz konkret gegen Waffengesetze richten: Der erste »YOU HAVE THE RIGHT TO REMAIN SILENT [...] FOREVER« (S. 16) spielt auf das <u>Aussageverweigerungsrecht</u> aus dem 5. <u>Zusatzartikel zur Verfassung</u> an. Das zweite liefert eine scherzhaft-groteske Definition von *gun control*: »GUN CONTROL [...] MEANS HITTING WHERE YOU AIM« (S. 285). Auf beiden T-Shirts ist eine Schusswaffe zu sehen, die auf den Betrachter gerichtet ist.

Vor diesem Hintergrund scheint es umso wichti-

---

in etw. verankert sein: to be founded in s.th. | **Aussageverweigerungsrecht:** right to refuse to give evidence | **Zusatzartikel zur Verfassung:** amendment (to the constitution)

ger, hervorzuheben, dass das Gewehr in *Crooked Letter, Crooked Letter* symbolisch nicht nur für Freiheit, sondern zugleich für die Freundschaft zwischen Larry und Silas steht. Zu keinem Zeitpunkt wird diese Waffe – im Unterschied zur Pistole von Wallace Stringfellow – als etwas Gefährliches oder <u>Bedrohliches</u> gesehen. Dass die Freundschaft zwischen den Jungen letztlich auch an dem Gewehr <u>zugrunde geht</u>, hat mit Carl Ott zu tun, der die Waffe plötzlich <u>entwürdigt</u>, indem er sie zum Gewinn eines absurden und sinnlosen Kampfes deklariert.

■ Symbol einer Freundschaft

Am Ende des Romans gibt Silas das Gewehr wieder an Larry zurück, was zum einen den vorsichtigen Versuch symbolisiert, nach vielen Jahren ihre Freundschaft wiederherzustellen, und zum anderen ein Zeichen dafür ist, dass man Larry nun tatsächlich von aller Schuld freispricht. Denn als Verdächtiger im Fall des Verschwindens von Tina Rutherford durfte er keine Waffe mehr besitzen. Es ist sehr auffällig, mit welcher liebevollen Mühe Silas die Waffe reinigt (S. 304 f.), bevor er sie Larry zurückgibt. Hierin drückt sich die <u>Wertschätzung</u> aus, die Silas der Waffe als Symbol der vergangenen Freundschaft entgegenbringt. Durch das Reinigen der Waffe, die er dann in Larrys Wohnung legt, stellt Silas die Ordnung symbolisch wieder her – oder setzt zumindest ein Zeichen

■ Wiederhergestellte Ordnung

---

bedrohlich: threatening | **zugrunde gehen:** *hier:* to come to an end | **etw. entwürdigen:** to debase s.th. | **Wertschätzung:** esteem

dafür, dass er dies tun möchte: »a thing returned to its rightful place« (S. 305). Man könnte sogar sagen, Silas selbst ist nun, wie das Gewehr, wieder ›am richtigen Ort‹, da er sich mit seiner Vergangenheit auseinandergesetzt hat, seine familiären Verhältnisse kennt und nun nach vorne blicken kann.

Die Schlange

■ Der Roman-
titel

Schlangen kommen im Roman sehr oft vor. Bereits im Titel *Crooked Letter, Crooked Letter* lässt sich eine Anspielung auf Schlangen erkennen: »M, I, crooked letter, crooked letter, I, crooked letter, crooked letter, I, humpback, humpback, I«, so lernen und merken sich amerikanische Schulkinder die Schreibweise von ›Mississippi‹ (vgl. Kap. 6 »Interpretationsansätze«, S. 100). »Crooked Letter« steht also für den Buchstaben ›s‹, der optisch und lautlich einer Schlange ähnelt. In der Verdoppelung *Crooked Letter, Crooked Letter*, was letztlich nichts anderes als ›s‹, ›s‹ meint, lässt sich auch eine <u>Versinnbildlichung</u> der Halbbrüder sehen, um deren verschlungene Schicksale es im Roman geht. Die deutsche Übersetzung des Titels mit *Krumme Type, Krumme Type* spiegelt diese doppelte Bedeutungsebene sehr gut wider, so lassen sich die beiden Protagonisten mit ihrer schwierigen Vergangenheit durchaus auch als ›krumme Typen‹ bezeichnen.

Betrachtet man Larrys und Silas Kindheit, so lassen

Versinnbildlichung: symbol

sich die Schlangen zunächst als verbindendes Element sehen. Für Larry stellt das Sammeln von Schlangen und Eidechsen einen harmlosen <u>Zeitvertreib</u> dar, dem er bald zusammen mit seinem neuen Freund Silas nachgeht. Die Tiere, die sie sammeln, sind zudem ungefährlich. Larry hat sich viel Wissen über Schlangen angeeignet. Um seine Schulkameraden zu beeindrucken, nimmt er die Tiere sogar zum Unterricht mit. Er möchte sie nutzen, um eine Verbindung zu den anderen Kindern herzustellen, was letztlich nicht gelingt. Vielmehr verfestigt sein ungewöhnliches Hobby seinen Ruf als Außenseiter.

■ Verbindendes Element

Schlangen dienen im Roman jedoch nicht nur dem harmlosen Kinderspiel, sie sind vielfach auch als Omen <u>drohenden Unheils</u> zu sehen. Schlangen verbinden Larry und Wallace Stringfellow in unguter Weise: Larry benutzt sie bei seinen Bemühungen, Kontakte zu knüpfen; Stringfellow benutzt sie, um einzuschüchtern. Die Schlange, die Stringfellow in den Briefkasten seiner ›Freundin‹ legt, stellt durchaus eine Gefahr dar. Auch die schwarze Schlange, die über die Straße schleicht, kurz bevor Cindy aus Larrys Auto aussteigt (S. 148), um nie wieder gesehen zu werden, ist ein schlechtes Omen. Gleiches gilt für die schwarze Schlange, die Silas am Ende des Romans in einem unheimlichen Augenblick vor dem <u>zugewucherten</u> Haus der Walkers sieht (S. 304).

■ Schlechtes Omen

Zeitvertreib: pastime | **drohendes Unheil:** impending doom | **zugewuchert:** overgrown

Darüber hinaus ist die Schlange ganz konkret mit dem Tod konnotiert: Kurz bevor der schwer verwundete Larry das Bewusstsein verliert, glaubt er das Zischen einer Klapperschlange zu hören: »Larry's head and face had filled with a rattlesnake's buzz« (S. 8). Und als Silas am Ende von Kapitel 14 schwer verletzt auf dem Boden von Stringfellows Haus liegt, bedroht ihn plötzlich eine echte Klapperschlange.

Die Maske

Bei Larrys Zombie-Maske handelt es sich um eine sehr realistische Maske: »as realistic as anything anybody had ever seen« (S. 163 f.). Sie stellt einen abgetrennten, blutigen und zugleich verfaulten Kopf dar. Die Maske, die sich Larry bereits als Kind zulegt, kann als Ausdruck eines wesentlichen Teils seiner Persönlichkeit gesehen werden. Sie ist dabei aber eher Zeichen seiner Unsicherheit und Einsamkeit als irgendeiner dunklen Seite seines Wesens. So ist Larrys Interesse für Horrorromane, das die Maske widerspiegelt, mit einem Rückzug in eine imaginäre Welt gleichzusetzen. In diesem Sinne ist sie Symbol seines Außenseitertums.

Während sein Vater sich scheinbar über die Maske lustig macht (S. 7), hasst Larrys Mutter sie. Diese starken Reaktionen macht die Maske in Larrys Augen

■ Zeichen für Unsicherheit

---

das Bewusstsein verlieren: to faint; to lose consciousness | **Rückzug:** withdrawal

vermutlich nur noch wertvoller. Er kann mit ihrer Hilfe Aufmerksamkeit auf sich ziehen. Bei der Halloween-Feier seiner Schule scheint die Maske Larry tatsächlich zu Anerkennung und beinahe Akzeptanz zu verhelfen. Doch sobald er die Maske ablegt, er also unmaskiert ist, ist Larry plötzlich nicht mehr Teil der Gemeinschaft (S. 163–165).

■ Suche nach Anerkennung

Larry, der kein Monster, sondern eigentlich ein sanfter Mensch ist, benutzt die Maske nur einmal, um jemandem einen echten Schrecken einzujagen: Er überrascht den jungen Wallace mit der Maske und vertreibt ihn so von seinem Grundstück. Stringfellow ist jedoch davon überzeugt, dass die Maske tatsächlich Larrys Wesen widerspiegelt. Für ihn ist »Scary Larry« (S. 29) ein echtes Monster und zugleich – da er selbst psychisch gestört ist – ein Vorbild, dem er nacheifern möchte. Zu diesem Zweck entwendet er Larrys Maske und trägt sie, als er seinen vermeintlichen Freund angreift. Zum ersten Mal verbirgt sich somit hinter der Maske ein echtes Monster, nämlich der Psychopath Wallace Stringfellow. Es ist ironisch, dass sein Opfer Larry, der noch nie jemandem etwas zuleide getan hat, ausgerechnet in dem Augenblick, in dem auf ihn geschossen wird – sich das Monster also offenbart –, hinter der Maske etwas Menschliches zu entdecken meint – er erkennt Stringfellows Auge. Es handelt sich hierbei um eine von Franklin sehr gekonnt

■ Wer ist das Monster?

Gemeinschaft: community | jdm etw. zuleide tun: to harm s.o.

inszenierte Gegenüberstellung der beiden ›Freunde‹. Als French dem unter starken Medikamenten stehenden Larry einredet, er habe die Maske bei den ihm fälschlicherweise nachgesagten Gewalttaten getragen (S. 247), weiß der Leser schon, dass der Ermittler die Rolle, die die Maske in Larrys Leben spielt, völlig <u>verkennt</u>.

etw. verkennen: to misjudge s.th.; to misunderstand s.th.

5. Quellen und Kontexte

Die im Folgenden als »Interview, A. W.« nachgewiesenen Zitate stammen aus einem Gespräch, das Andrew Williams am 17. September 2018 mit Tom Franklin führte.

Eine Quelle im Sinne einer Vorlage für die Handlung von *Crooked Letter, Crooked Letter* ist nicht bekannt. Franklin selbst berichtet über plötzliche <u>Eingebungen</u> wie das Motiv von »two brothers with a problem« (Interview, A. W.) und den Wunsch, über einen Kleinstadt-Polizisten zu schreiben, der allein für Recht und Ordnung zuständig ist. Das Motiv eines einsamen Automechanikers entstammt der eigenen Familiengeschichte: Ein Cousin betrieb in der Nähe von Dickinson eine Garage. »I had in my head his garage as Larry Ott's garage« (Interview, A. W.). Die Herkunft dieser Eingebungen und Motive ist also sowohl in der Vertrautheit Franklins mit der ländlichen Umgebung seiner Jugend als auch in konkreten Ereignissen aus seiner Biographie zu suchen.

Parallelen zu *To Kill a Mockingbird*

Man hat darauf hingewiesen, dass einige Aspekte von *Crooked Letter, Crooked Letter* an den Klassiker *To Kill a Mockingbird* von Harper Lee erinnern. Larry Ott aus *Crooked Letter, Crooked Letter* und Boo Radley aus *To*

■ Larry Ott and Boo Radley

Eingebung: inspiration

95

Kill a Mockingbird haben tatsächlich einiges gemeinsam: Beide leben zurückgezogen und werden von der Gemeinschaft gefürchtet, obwohl es keinen Grund hierfür gibt, denn beide sind <u>sanfte</u> und harmlose Männer. Auch die Konstellation Cindy – Silas – Cecil erinnert an Harper Lees Roman, in dem ein weißes Mädchen den Kontakt zu einem Schwarzen sucht und vom gewalttätigen Vater bestraft wird.

Der zeitgeschichtliche Hintergrund

Der zeitgeschichtliche Hintergrund spielt in Franklins Roman keine besonders große Rolle. Die Haupthandlung findet nach den <u>Anschlägen</u> vom 11. September statt, vermutlich im Jahr 2007. Es werden mehrmals <u>Gesetzesänderungen</u> erwähnt, die seit 9/11 eingetreten sind. So gab es Änderungen im Waffenrecht (S. 5), darüber hinaus wurde festgelegt, dass alle Straßen und Wege benannt bzw. nummeriert werden müssen (S. 66), um eine schnelle Reaktion auf terroristische Anschläge zu ermöglichen – das erscheint natürlich in der <u>abgelegenen</u> Gegend, in der Larry wohnt, ziemlich absurd. Ansonsten spielt die Post-9/11-Atmosphäre in *Crooked Letter, Crooked Letter* keine große Rolle. Die Leute in Clarke County leben ihr Leben weiter. Dass sie sich mit den Themen »Homeland Security« oder »War on Terror« befassen, geht nicht aus dem

---

sanft: gentle | **Anschlag:** attack | **Gesetzesänderung:** changes to the law | **abgelegen:** remote

Text hervor. Einzig <u>Fernsehmeldungen</u> über im Irak gefallene Soldaten erinnern daran, dass die USA einen Krieg führen.

Die Südstaaten: The Southern United States

In *Crooked Letter, Crooked Letter* entsteht besonders durch die Naturbeschreibungen und durch den Sprachgebrauch der Menschen der <u>Eindruck</u> einer anderen Welt, eines für viele Leser vielleicht unbekannten Amerika – und tatsächlich sind die sogenannten Südstaaten in vielerlei Hinsicht ganz anders als der Norden, ganz anders als New York und Kalifornien.

Mit Südstaaten meint man meist diejenigen elf sklavenhaltenden Staaten, die beim Bürgerkrieg im 19. Jahrhundert als <u>Konföderation</u> gegen den Norden kämpften.[4] Nicht nur das Klima, das den Anbau von Baumwolle und Tabak <u>begünstigt</u>, sondern auch das <u>historische Erbe</u> der Südstaaten ist ein anderes: Im Gegensatz zu den Staaten im Norden der USA hat der Süden die Erfahrung des Untergangs gemacht. Etwas platt ausgedrückt: Der Süden hat einen Krieg verloren. Deshalb kommt dem Thema ›Vergangenheit‹ bzw. ›historisches Erbe‹ wie selbstverständlich eine besondere Bedeutung zu. In den Werken jener nicht fest umrissenen Gruppe der ›Southern Writers‹ ist es

■ Ein schweres historisches Erbe

Fernsehmeldung: television report | Eindruck: impression | Konföderation: confederation | etw. begünstigen: to favour s.th. | historisches Erbe: historical legacy

ständig präsent (die berühmtesten Vertreter dieser Gruppe sind William Faulkner, Tennessee Williams, Harper Lee und Flannery O'Connor). Die literarische Beschäftigung mit der Vergangenheit geht dabei nicht selten mit einer melancholischen Grundstimmung einher. William Faulkner hat die besondere Signifikanz der Vergangenheit in seinem Roman *Requiem for a Nun* (1951) in folgendem als Zitat berühmt gewordenen Satz zusammengefasst: »The past is never dead. It's not even past.« Dieses Zitat wäre auch ein sehr geeignetes Motto für *Crooked Letter, Crooked Letter* (vgl. Kap. 6 »Interpretationsansätze«, S. 120–129).

■ Die Süd-
staaten im
Wandel

Der Süden befindet sich heute im Wandel: Bezeichnet Tom Franklin das Dickinson seiner Jugend als »half black and half white«, so hat der kleine Ort heute einen sehr hohen Anteil an Kubanern. Neben der Zuwanderung spielt die zunehmende Industrialisierung eine Rolle. Die Bedeutung der großflächigen Landwirtschaft nimmt langsam zugunsten des Dienstleistungssektors, des Tourismus und des Finanzsektors ab. Nach wie vor sind die ärmsten Bundesstaaten der USA allerdings unter denjenigen zu finden, die im 19. Jahrhundert am Ende des Bürgerkriegs einen kompletten Zusammenbruch erlebten und bis heute mit den Folgen umgehen müssen.

Zuwanderung: immigration | **Industrialisierung:** industrialisation | **Dienstleistungssektor:** service sector

6. Interpretationsansätze

Der Ort der Handlung

Der Ort der Handlung ist im weitesten Sinne der Bundesstaat Mississippi. In vielerlei Hinsicht erinnern die in *Crooked Letter, Crooked Letter* beschriebenen Ortschaften allerdings an die Umgebung von Dickinson, Alabama (im Nachbarbundesstaat also), wo Franklin aufgewachsen ist. Einige Gemeinsamkeiten hat Franklin in Interviews erwähnt: dass in seiner Heimatstadt der Zug in die nächstgelegene Großstadt auch nicht mehr hält; dass im nahe gelegenen Ort Fulton,[5] Alabama, nur ein Polizist arbeitet; dass es in der Nähe ein Sägewerk gibt; schließlich dass es nahe Dickinson eine Werkstatt gibt, an der Franklin unzählige Male vorbeigefahren ist, ohne je einen einzigen Kunden gesehen zu haben. Die Umsetzung dieser Motive in *Crooked Letter, Crooked Letter* spiegelt die große <u>Vertrautheit</u> mit der ländlichen Gegend, in der er aufgewachsen ist. Darüber hinaus bestätigt die <u>Übernahme</u> dieser Motive das, was Franklin selbst über das <u>Schriftstellerdasein</u> denkt: »A writer is a mercenary. Always looking for things to steal and put in his stories« (Interview, A. W.). Franklin hat allerdings nicht nur ›geklaut‹, vielmehr ist es ihm gelungen, eine in jeder Hinsicht glaubwürdige und authen-

■ Fiktiv und doch authentisch

Vertrautheit: familiarity | **Übernahme:** adoption | **Schriftstellerdasein:** existence as a writer

tische Szenerie für die Geschehnisse in *Crooked Letter, Crooked Letter* zu entwerfen.

Sosehr die Landschaft an Dickinson, Alabama, erinnern mag, *Crooked Letter, Crooked Letter* spielt im Nachbarbundesstaat Mississippi. Dies hat einen ganz banalen Grund: Franklin habe irgendwann zufällig die Wendung »crooked letter, crooked letter« gehört – als Teil des Spruchs, den Mississippi-Schulkindern beigebracht wird, um die schwierige Rechtschreibung ihres Bundesstaates zu lernen. Franklin dachte sofort bei sich, dass sich diese <u>Wortgruppe</u> hervorragend für einen Romantitel eigne. Der Klang dieser Zusammenstellung und wohl auch die Mehrdeutigkeit des Worts »crooked«, das zugleich »dishonest« bedeutet, haben es ihm derart angetan, dass er beschloss, die ganze Handlung ein wenig nach Westen zu verlegen, in den Bundesstaat Mississippi – die Unterschiede zwischen den beiden Bundesstaaten sind auch nicht gravierend (Interview, A. W.).

In Anspielung auf die bekannte <u>Eselsbrücke</u> heißt Larry den Rückkehrer Silas im Bundesstaat Mississippi wieder willkommen: »I just wanted to, you know, say welcome back. To the crooked letter« (S. 25) – so der Wortlaut einer seiner Nachrichten. Angesichts der Tatsache, dass Mississippi bzw. Chabot seine Bewohner scheinbar nicht entkommen lässt – sie müssen immer wieder zurückkehren –, wirkt das ein wenig ironisch: Alice Jones versucht, Mississippi hinter sich

■ Der Heimat nicht entkommen können

Wortgruppe: group of words | **Eselsbrücke:** mnemonic

zu lassen (bzw. wird womöglich gezwungen zu gehen) und muss doch zurückkehren, weil ihr Leben in
der weit im Norden gelegenen Metropole Chicago
nicht mehr <u>tragbar</u> ist. Silas und Larry verlassen beide
Chabot: Silas, eigentlich um seine vielversprechende
Sportlerkarriere zunächst an der Uni fortzusetzen,
und Larry, um den unerträglichen Verhältnissen, in
die er ohne eigene Schuld hineingeraten ist, zu entkommen. Aber beide kehren irgendwann in die kleine
Stadt zurück, und zwar nicht aus Sehnsucht oder
Heimweh, sondern im Fall von Silas eher zufällig (Silas liest eine <u>Zeitungsannonce</u> für eine Stelle als Polizist) oder im Fall von Larry aus einer <u>Notwendigkeit</u>
heraus (Larry bleibt nichts anderes übrig, als nach der
Zeit beim Militär die Werkstatt des Vaters zu über-
nehmen). Es scheint, als hätte Mississippi die Roman-
figuren fest im Griff. Der Buchstabe ›s‹ lässt entsprechend nicht nur an die Schlangen denken, die im Roman eine Rolle spielen, sondern erinnert in diesem
Zusammenhang auch an sich schlängelnde bzw. sich
windende Lebensläufe.

Crooked Letter, Crooked Letter spielt im Südosten
Mississippis, in einer Gegend also, die man gemein-
hin als ›Deep South‹ bezeichnet. Obwohl Segregation
(Rassentrennung) offiziell nicht mehr existiert, ist der
alltägliche Umgang zwischen Schwarzen und Weißen
alles andere als selbstverständlich. Es gibt Gegenden,

■ Gegensätze:
schwarz
und weiß

tragbar: bearable | **Zeitungsannonce:** newspaper ad |
Notwendigkeit: necessity

wo nur Weiße leben (so zum Beispiel »White Trash Ave.«, S. 30) und Straßenzüge, wo eher Schwarze leben (so »Dump Road«, S. 66).

■ Gegensätze: *wet* und *dry*

Auch andere Gegensätze prägen das Leben in Mississippi: Typisch für den Süden der USA ist das Gemisch von *wet* und *dry* counties: *wet* bedeutet, der Verkauf von Alkohol wird geduldet; *dry* wiederum bedeutet, der Verkauf von Alkohol ist verboten (aktuell ist mehr als ein Drittel der Landkreise Mississippis alkoholfreie Zone). Dieses Alkoholverbot hat historische Gründe. Gerald County, in dem Chabot und Fulsom liegen, ist *wet*, aber von zwei ›trockenen‹ Landkreisen umgeben. Das führt natürlich dazu, dass Leute nach Gerald County fahren, um dort Alkohol zu konsumieren. Der Polizist Silas hat deshalb oft mit Bürgern zu tun, die betrunken Auto fahren. Die Abkürzung *DUI* (*Driving Under the Influence*) taucht im Roman immer wieder auf.

Larrys Werkstatt befindet sich am Ortsrand von Fulsom (das Wort *fulsome* bedeutet übrigens ›übermäßig schmeichelhaft‹ oder ›anbiedernd‹). Fulsom ist <u>Regierungssitz</u> des County und bietet einiges an Infrastruktur. Der Ort Chabot liegt elf Meilen südlich von Fulsom. Dort leben nur ca. fünfhundert Menschen. Chabot ist kein wohlhabender Ort. Geld für einen neuen Polizeiwagen ist nicht vorhanden. Die Stadt lebt von ihrem Sägewerk, das als »city« (S. 21) bezeichnet wird, so laut und lebhaft ist es dort. Das

Regierungssitz: seat of government; administrative centre

Sägewerk dominiert die Landschaft und ist in seiner Geschäftigkeit ein Gegenentwurf zum schläfrigen, noch kleineren Örtchen Amos, in dem Larry Ott wohnt. Das Sägewerk ist der wichtigste Arbeitgeber am Ort, zugleich jedoch auch für Umweltverschmutzung verantwortlich. Sechzehn Stunden am Tag wird dort (bis auf Sonntag) gearbeitet. Im Vergleich zu Silas' Polizeiwagen fallen die neueren und größeren Wagen mit Allradantrieb (S. 21) auf, die einige Mitarbeiter des Sägewerks besitzen. Das Sägewerk, obwohl eher negativ konnotiert, ist Existenzgrundlage nicht nur des Orts, sondern auch für Larry Ott, denn er verkauft regelmäßig Landparzellen an das Werk.

Dank einer geographischen Eigentümlichkeit – einem zugewachsenen, ungepflegten Graben, in dem Unkraut gedeiht und Wildkatzen und Waschbären leben – sind alle Gebäude Chabots nach Osten ausgerichtet, und der Ort wirkt somit wie eine kleine Gruppe von Theaterzuschauern oder sogar, so heißt es im Roman, wie ein »last stand« (S. 21), die letzte Verteidigungslinie bei einem Gefecht. Dieses Bild ruft die Vorstellung einer Truppe von Soldaten auf, die sich als Letzte vergeblich gegen den Feind stellen. Es entsteht also der Eindruck, als würde Chabot gegen den Untergang ankämpfen. Dem entspricht das dürftige Angebot an Dienstleitungen: Es gibt keine Bank,

■ Ein Kampf gegen den Untergang?

Geschäftigkeit: busyness | **Existenzgrundlage:** means of existence | **Landparzellen:** land tracts | **Eigentümlichkeit:** peculiarity | **gegen etw. ankämpfen:** to fight against s.th.

nicht mal einen Bankautomaten. Der einzige Friseur Chabots ist vor Jahren gestorben. Der Handyempfang ist nicht zuverlässig.

Die wenigen Bewohner von Amos haben die unschöne Adresse »Dump Road« (S. 66) – *dump* bedeutet ›Mülldeponie‹ –, vorwiegend Schwarze leben dort. Auch hier führt Larry eine Randexistenz: Sein Haus liegt am Rande des Orts. Amos hat man sich als abgelegene Ansammlung von *mobile homes*, d. h. von Wohnwagen und Leichtbauhäusern, vorzustellen ohne ordentliche Straßen (»A few paved roads and a lot of dirt ones«, S. 66). Chabot ist im Vergleich zu Amos, wo nur noch 86 Menschen leben, geradezu eine <u>Metropole</u>. Amos <u>schrumpft</u> und verliert an Bedeutung. Der Zug nach Meridian hält nicht mehr länger in Amos (Meridian ist die fünftgrößte Stadt von Mississippi und befindet sich am östlichen Rand des Bundesstaates). Silas überlegt, ob Larrys Anwesenheit dazu geführt haben könnte, dass dieser Ort langsam ausstirbt: »Had Larry caused this section of town to dry up?« (S. 108). Möglich wäre es, bedenkt man die Abneigung der Bewohner gegen den Außenseiter, den viele für einen Vergewaltiger und Mörder halten.

Fulsom, Chabot, Amos – das sind die zentralen Schauplätze in *Crooked Letter, Crooked Letter*, die vom Autor bewusst als infrastrukturarm, herunter-

■ Am Rande der Gesellschaft

Metropole: metropolis | **schrumpfen:** to shrink (*shrink – shrank – shrunk*)

gekommen und einsam beschrieben werden. Ebenso bemerkenswert wie die Beschreibungen des Verfalls und der <u>Trostlosigkeit</u> der menschlichen Siedlungen sind die vielen Naturbeschreibungen, die eine ganz andere Wirkung und einen ganz anderen Hintergrund haben. Wie die Natur beschrieben wird, hängt von der Wahrnehmung der jeweiligen Figur ab. Bei Larry sind zwei Faktoren zu berücksichtigen: Er ist in der Gegend aufgewachsen und die Natur seiner Heimat ist ihm vertraut. Bedingt durch seine Einsamkeit steigert sich diese Vertrautheit noch, da er oft allein in der Natur spielt, so dass er genau weiß, wie die Pflanzen heißen. Schon auf der ersten Seite des Romans ist von »honeysuckle«, »goldenrod«, und »blue salvia« (S. 1) die Rede. Bei Silas hingegen liegen die Dinge anders. Er ist erst als 12- oder 13-Jähriger nach Mississippi gekommen. Auf ihn wirkt die Natur neu und ungewohnt. Ihn beunruhigt zunächst die Stille: »[…] at first, he'd been shocked how quiet the woods seemed compared to Chicago, no crowds, car horns, sirens, no el train clacking by« (S. 162).[6] Aber obwohl er Stadtkind ist, beobachtet er die Natur sehr genau. Während Larry Pflanzen und Tiere einfach registriert, nimmt Silas in der Natur häufig eine <u>unheilvolle</u> Atmosphäre wahr. Auf der Suche nach der verschwundenen Tina Rutherford sieht er Vögel am Himmel – »full of buzzards the easterly

■ Zwei Blicke auf die Natur

Trostlosigkeit: bleakness | **unheilvoll:** ominous

sky« (S. 9) –, und vergleicht sie mit Flakfeuer am Himmel.

Das, was im letzten Kapitel des Romans als »bug, bird, frog« (S. 310) zusammengefasst wird, steht für eine unglaubliche <u>Vielfalt</u> von Tier- und Pflanzenarten, die den Roman in besonderer Weise bereichern. Folgende Tiere und Pflanzen werden im Roman erwähnt:

Tiere:

»hummingbirds« (S. 2), »buzzards« (S. 9), »box turtle« (S. 9), »blue jays« (S. 10, 162), »deer« (S. 10, 30, 311), »raccoons« (S. 10, 21), »squirrels« (S. 12, 162), »bullfrogs« (S. 12), »bobcat« (S. 12, 30), »gnats« (S. 13), »mosquito« (S. 13), »crows« (S. 17, 162), »feral cats« (S. 21), »turkeys« (S. 30), »red foxes« (S. 30), »lizards«/»anoles« (S. 69), »snakes« (S. 70), »chicken snakes« (S. 179), »butterflies« (S. 88), »orb spiders« (S. 88), »brown thrashers« (S. 162), »redbirds« (S. 162), »hawks« (S. 162), »frogs« (S. 162), »armadillos« (S. 162, 194), »bats« (S. 200), »crickets« (S. 200), »ticks« (S. 270), »chiggers« (S. 270), »grass-hoppers« (S. 303), »beetles« (S. 303), »spiders« (S. 303)

Pflanzen:

»thistle« (S. 1), »honeysuckle« (S. 1, 295), »pine trees« (S. 10), »mushroom« (S. 11), »moss« (S. 11), »cattails« (S. 12), »kudzu« (S. 21, 178, 304), »goldenrod« (S. 1, 88, 111), »blue salvia« (S. 1, 2, 111), »magnolia« (S. 178), »monkey grass« (S. 200), »privet« (S. 304), »beggar's lice« (S. 88)

Vielfalt: diversity; variety

Die genaue und wiederholte Benennung der für den Süden der USA typischen Tier- und Pflanzenwelt hat sicherlich die Funktion, das Geschehen dort zu verorten. Die Genauigkeit der Beschreibung hat jedoch auch einen weiteren Grund: Je genauer man die Dinge benennt, desto <u>glaubwürdiger</u> ist die Geschichte, die man erzählt. In Franklins eigenen Worten: »To write a story, you have to get the details right. You have to convince a reader you know what you're talking about.« Darüber hinaus entdeckt Franklin eine Poesie in Eigennamen: »as a writer I find poetry in the names of things«, und rät seinen Studenten dazu, starke und spezifische Substantive zu benutzen (Interview, A. W.).

■ Die Poesie der Eigennamen

Die Natur wird in *Crooked Letter, Crooked Letter* zum Akteur: »The land had a way of covering the wrongs of people« (S. 312) – ein Gedanke, der am Ende des Romans geäußert wird, als die beiden Halbbrüder am kaum noch zu erkennenden Haus der Familie Walker vorbeifahren. Das allgegenwärtige *kudzu*, eine robuste Kletterpflanze, hat das Gebäude völlig eingehüllt. Während die menschlichen Siedlungen dem Untergang geweiht erscheinen, gedeiht die Pflanzenwelt wie selbstverständlich.

Insgesamt ist die Rolle der Natur für das Verständnis des Romans von großer Bedeutung: Sie unterstreicht die Einsamkeit Larrys, sie zeigt uns, wie sich Silas in der neuen Umgebung zurechtfindet, sie steht symbolisch für die Vergänglichkeit und ist nicht zu-

glaubwürdig: credible

letzt ein Hinweis auf das starke Bedürfnis des Autors Tom Franklin, seine Heimat in all ihrer Üppigkeit künstlerisch zu gestalten.

Rassismus

Aus wissenschaftlicher Sicht ist es schlichtweg nicht haltbar, Menschen aufgrund ihres Aussehens in unterschiedliche biologische ›Rassen‹ einzuteilen. Bedenkt man, dass die äußeren Merkmale angeblicher Rassenunterschiede (hier ist in erste Linie an die Hautfarbe zu denken) erst in den letzten 10 000 Jahren entstanden sind und weiterhin dass diesem Zeitraum Hunderttausende Jahre menschlicher Evolution vorausgegangen sind, so wird klar, <u>auf welch dünnem Eis sich diejenigen bewegen</u>, die Menschen wegen ihrer Hautfarbe beurteilen. Rassismus beruht auf einer historisch gewachsenen, nicht haltbaren <u>pseudowissenschaftlichen</u> <u>Hierarchie</u> der Rassen, die bis ins 19. Jahrhundert zurückreicht. Blickt man nüchtern und wissenschaftlich fundiert auf die sogenannten <u>Rassenunterschiede</u>, wie Hautfarbe, Form der Nase und der Augen, so wird man feststellen, dass sie zum größten Teil Anpassungen an das jeweilige Klima darstellen.[7] Aber leider halten sich rassistisch geprägte Ideen und Vorstellungen bis heute <u>hartnäckig.</u>

■ Dubiose, aber hartnäckige Theorien

sich auf dünnem Eis bewegen: to be on thin ice | **pseudowissenschaftlich:** pseudo-scientific | **Hierarchie:** hierarchy | **Rassenunterschied:** racial differences | **hartnäckig:** stubbornly

Der Rassismus hat in den USA eine besondere Geschichte und eine besondere Brisanz: Noch heute sind dort die Folgen der Sklaverei und, damit zusammenhängend, des Amerikanischen Bürgerkriegs (1861–65) zu spüren, bei dem die Nordstaaten (»Union«) gegen die Südstaaten (»Confederate«) kämpften. Es ging dabei in erster Linie um die Frage der Sklaverei, von der die Südstaaten wirtschaftlich abhängig waren (denn die ganze Baumwollindustrie wäre ohne Sklavenarbeit nicht denkbar gewesen). Im Jahr 1850 lebten etwa 3,5 Millionen Schwarze in den Südstaaten (auch deswegen *slave states* genannt), davon waren etwa 3,2 Millionen Sklaven, die von den Weißen gekauft und verkauft wurden. Ein Ergebnis des Bürgerkrieges war die Befreiung der Sklaven. Unverändert aber blieb im Allgemeinen die rassistische Einstellung der Weißen den Schwarzen gegenüber: Sie sahen in den befreiten Sklaven weiterhin zweitklassige, teilweise nicht mal menschliche Wesen und behandelten sie entsprechend. Unmittelbar nach Beendigung des Bürgerkriegs wurde der Ku-Klux-Klan gegründet mit dem Hauptziel, den Schwarzen ihre neu gewonnene Freiheit zu verleiden: Gewalt, Mord und Einschüchterung waren die Methoden.

■ Sklaverei und Bürgerkrieg

Diese komplexen historischen Zusammenhänge spiegeln sich in *Crooked Letter, Crooked Letter* wider.

Sklaverei: slavery | **von etw. wirtschaftlich abhängig sein:** to be economically (*adv.*) dependent on s.th. | **Befreiung:** liberation | **jdm etw. verleiden:** to spoil *or* ruin s.th. for s.o. | **Einschüchterung:** intimidation

■ Lynchjustiz:
das Schick-
sal von
Emmett Till

Das Wissen um den Rassismus, der immer noch im Süden herrscht, prägt insbesondere Alice Jones' Denken, wie eine Anspielung auf den Jungen Emmett Till verdeutlicht: »Such and suching like you doing would be dangerous enough in Chicago, but you in Mississippi now. Emmet[t] Till [...] was from Chicago« (S. 232 f.). Alice Jones erinnert hier an das Schicksal des 14-jährigen Emmett Till, um Silas vor der Gefahr einer ›gemischten‹ Beziehung zu warnen. Der Junge war im August 1955 nach Mississippi gereist, um dort Verwandte zu besuchen. Als er dort in Begleitung eines Cousins in einem <u>Gemischtwarenladen</u> einkaufte, kam es zu einer unschönen Begegnung mit der Frau des Inhabers. Es wurde nie geklärt, was genau vorfiel: Entweder habe er einen bewundernden Pfiff ausgestoßen oder – so die Version seines vermeintlichen Opfers – die Frau angefasst und etwas Unanständiges gesagt. Einige Tage nach diesem ungeklärten Vorfall wurde Emmett Till vom Inhaber des Ladens und dessen Halbbruder entführt, schwer misshandelt und erschossen. Seine Leiche wurde in einen Fluss geworfen. Eine aus weißen Männern bestehende Jury <u>sprach</u> beide Angeklagten <u>frei</u>, wobei diese später den Mord zugaben. Dass Alice diese furchtbare Geschichte eigens erwähnt, um Silas zur Vorsicht zu ermahnen, zeigt ihre große Sorge, denn eigentlich ist diese Erwähnung überflüssig: Das Schicksal Emmett Tills war

Gemischtwarenladen: grocery store | **jdn. freisprechen:** to acquit s.o.

und ist im Süden allgemein bekannt, auch mehr als 60 Jahre nach dem Vorfall.

Ein weiteres Beispiel für die Präsenz des historisch gewachsenen Rassismus ist die erste Begegnung zwischen Silas und Stringfellow. Silas deutet den weißen Kissenbezug, der auf Stringfellows Quad zu sehen ist, als Hinweis auf eine mögliche rassistische Gesinnung des jungen Mannes: »Wondered for a moment would it have eye holes« (S. 176). Silas fragt sich also, ob er nicht einen Kissenbezug, sondern vielmehr das Kapuzengewand eines Ku-Klux-Klan-Mitglieds vor sich hat. Diese Vermutung ist plausibel und es wäre nicht weiter überraschend, wenn sie zuträfe. Wenn Silas genauer hingesehen hätte, hätte er vermutlich Schlangen in dem Kissenbezug entdeckt und Stringfellow früher als den Täter erkannt.

■ Anspielung auf den Ku-Klux-Klan

Die Nachwirkungen der Sklaverei prägen bis heute die USA. Die Segregation (Rassentrennung) hielt bis in die 1960er Jahre an. Die sogenannten ›Jim Crow-Gesetze‹ (Jim Crow ist eine beleidigende Bezeichnung für einen Schwarzen) sorgten in vielen Staaten bis zur offiziellen Abschaffung im Jahr 1964 durch den *Civil Rights Act* für Rassentrennung in fast allen öffentlichen Räumen und Einrichtungen – mit schwerwiegenden Folgen für Gesundheit, Wohlstand und Bildungsgrad der schwarzen Bevölkerung. Diese Fol-

■ Segregation

rassistische Gesinnung: racist attitude | **Kapuzengewand:** hood; hooded robe | **Nachwirkung:** *hier:* consequence | **schwerwiegende Folge:** serious consequence | **Wohlstand:** affluence; prosperity | **Bildungsgrad:** education level

Abb. 3: Begräbnis eines Mitgliedes des Ku-Klux-Klan in New Jersey (Juni 1931). – Bundesarchiv, Bild 102-11929 / CC-BY-SA 3.0

gen sind auch noch in *Crooked Letter, Crooked Letter* spürbar: So blickt Silas auf das <u>verfallene</u> <u>Gerichtsgebäude</u> und sieht <u>vor seinem geistigen Auge</u>: »white lawyers […] and the families of the black folks they would convict or acquit« (S. 159). Hier wird die Trennung in Schwarz und Weiß sicherlich überspitzt mit einer Trennung in aufrichtig und unaufrichtig gleichgesetzt. Von einer Trennung in Menschen, die Gelegenheit haben, sich zu entfalten, und in solche, denen Bildung und Wohlstand <u>verwehrt</u> bleibt, darf man jedoch mit Berechtigung sprechen.

verfallen: dilapidated | **Gerichtsgebäude:** court building | **vor seinem geistigen Auge:** in his mind's eye | **jdm. etw. verwehren:** to deny s.o. s.th.

Eine Einteilung der Menschen in Schwarz und Weiß ist für die meisten Figuren im Roman selbstverständlich. Sie <u>reflektieren</u> also gar nicht darüber. Rassentrennung wird in vielen Bereichen des Lebens noch unhinterfragt praktiziert. Larry bemerkt etwa, dass das Pflegeheim »full of blacks« (S. 4) sei, womit er implizit feststellt, dass er es für seine Mutter eigentlich nicht angemessen hält. Franklin gelingt es, in *Crooked Letter, Crooked Letter* die Problematik des Rassismus von verschiedenen Seiten und gleichzeitig in unaufdringlicher Weise zu beleuchten, wie folgendes Textbeispiel zeigt:

■ Rassismus als Gedankenlosigkeit

»Having a black friend was an interesting idea, something he'd never considered. Since the redistricting he was around them constantly. The churches were still segregated if the schools weren't, and sometimes Larry wondered why grown-ups made the kids mingle when they themselves didn't. He remembered two years before, how, in the hall on his first day at the Chabot Middle School, a white boy had come up behind him and said, ›Welcome to the jungle.‹« (S. 51)

Schon dieser kurze Absatz enthält alle wesentlichen Merkmale des Rassismus US-amerikanischer Prägung: Es ist von einem *redistricting* die Rede, also eine von behördlicher Seite <u>angeordneten</u> Neuorgani-

über etw. reflektieren: to reflect on s.th. | **etw. anordnen:** to order s.th.

sation der Einzugsgebiete der Schulen, damit dort nicht mehr länger homogene Schülergruppen zusammen lernen, d. h. nicht auschließlich Weiße oder ausschließlich Schwarze. Interessant ist dabei auch die Sicht des Jugendlichen Larry auf die <u>heuchlerische</u> Erwachsenenwelt: Wozu bemühen sich die Erwachsenen, die Kinder unterschiedlicher Hautfarbe zusammenzubringen, wenn sie sich selber weiterhin voneinander distanzieren (einige der berühmtesten Bücher über den Rassismus werden aus einer Kinderperspektive erzählt, wie zum Beispiel *To Kill a Mockingbird*, und decken so die Doppelbödigkeit des Verhaltens der Erwachsenen besonders eindrucksvoll auf). Auch die unsägliche Idee, dass Schwarze Tieren ähneln (ein rassistisches Klischee besteht darin, Schwarze mit Affen zu vergleichen), wird hier aufgegriffen: Durch die bloße Anwesenheit der schwarzen Mitschüler wird die Schule zu einem unzivilisierten ›Dschungel‹.

■ Die Heuchelei der Erwachsenen

Zu nennen ist noch die Segregation der Kirchen, die auch nach den Gesetzesänderungen der 1960er Jahre in schwarze und weiße getrennt blieben. Gerade dem frommen Larry will diese Trennung nicht einleuchten. Am Ende des Romans wird er bezeichnenderweise von Angie in eine schwarze Kirche eingeladen, eine Geste, die von Herzen kommt. Sie zeigt, dass sie Trennung und Entfremdung in jeder Hinsicht gerne aufheben möchte.

heuchlerisch: hypocritical

Wesentlicher Teil dieses historisch gewachsenen Rassismusdiskurses ist die Auffassung, Menschen mit dunkler Hautfarbe seien als primitive <u>Halbmenschen</u> zu sehen. Cecil Walker, im rassistischen Süden sozialisiert, ist voll und ganz <u>Anhänger</u> dieser Idee. Wenn er, als Silas Cindy zu Hilfe eilt, die Frage stellt, ob sich noch »natives« versteckt halten, und warnt »Don't get stobbed by no spear« (S. 94), zeigt das, dass er Menschen mit dunkler Hautfarbe als unzivilisierte ›Eingeborene‹ betrachtet. Sie zeichnen sich in Cecils Vorstellung durch <u>Primitivität</u> aus, daher sei die für sie passende Waffe ein Speer.

■ Menschen und Halbmenschen

Carl, Larrys Vater, versteht sogar den Kampf zwischen seinen beiden eigenen Kindern als Rassenkonflikt: »Peers like we got us a dispute between the races, here« (S. 101). Es ist hochironisch, dass der Weiße (Larry) dem Schwarzen (Silas) hoffnungslos unterlegen ist. Darüber hinaus hatte Carl eine Affäre mit einer schwarzen Frau, etwas, das er selbst wohl kaum als <u>verabscheuenswert</u> betrachtet. Das Problematische an einer Beziehung zwischen einer schwarzen Frau und einem weißen Mann (oder umgekehrt) ist vielmehr die öffentliche Wahrnehmung – das zeigt *Crooked Letter, Crooked Letter* eindrücklich: Wenn Cindy und Silas gemeinsam zu Fuß unterwegs sind, halten Autofahrer an und fragen das weiße Mädchen wie selbstverständlich, ob sie von dem schwarzen

■ Kinderstreit als Rassenkonflikt

Halbmensch: half human | **Anhänger:** follower | **Primitivität:** primitiveness | **verabscheuenswert:** detestable

Jungen belästigt werde. Wenn sie das verneint, fahren sie kopfschüttelnd weiter (S. 230).

Das Wort *nigger* kommt im Roman sehr häufig vor. Im heutigen Sprachgebrauch ist dieses Wort (außer in ganz bestimmten Kontexten) stark <u>tabuisiert</u>, noch stärker als die meisten <u>Obszönitäten</u>. Man spricht daher gelegentlich vom *N-word*. Es gilt sogar als »the nuclear bomb of racial epithets«.[8] Die Gründe für diese starke <u>Tabuisierung</u> liegen auf der Hand: Was ursprünglich eine neutrale Bezeichnung für einen Menschen mit schwarzer Hautfarbe war, ist im Lauf der Jahrhunderte – vor allem seit den 1830er Jahren, bedingt durch die Geschichte der Sklaverei – zu einem beleidigenden Terminus geworden. Es handelte sich nun um eine <u>erniedrigende</u> Bezeichnung für <u>ausgebeutete</u> und <u>rechtelose Menschen</u>. Wenn in einer Lokalzeitung der 1930er Jahre »Only another dead nigger«[9] steht, dann wird die mit diesem Ausdruck verbundene Entwertung in aller Drastik deutlich: Das Wort *nigger* macht aus Menschen Unmenschen. So gilt *nigger* als »the filthiest, dirtiest, nastiest word in the English language«.[10]

Unter Schwarzen ist das Wort allerdings in ganz <u>spezifischen Kontexten</u> gebräuchlich, und es gibt durchaus viele Schwarzamerikaner, die die Bezeichnung *nigger* bejahen: »I'm a nigger not a colored man

◼ Das
›dreckigste‹
Wort der
englischen
Sprache

tabuisiert: tabooed | **Obszönität:** obscenity | **Tabuisierung:** tabooing | **erniedrigend:** degrading | **ausgebeutet:** exploited | **rechtelose Menschen:** people with no rights | **spezifischer Kontext:** specific contexts

or a black or a Negro or an Afro-American«,[11] so Ice-T; und der Rapper DMX bezeichnet sich selbst gelegentlich als *nigga*, wobei sich die Schreibweise bewusst von *nigger* abhebt. Unter ganz bestimmten Bedingungen haben sich Weiße erlaubt, das Wort sogar als Kompliment zu verwenden: »he played like a nigger«. Hier ist gemeint, dass jemand auf dem Sportfeld Stärke und Können demonstriert hat. Aber wie der Fall des Coaches Keith Dambrot zeigt, der seine Stelle wegen solcher Äußerungen verloren hat,[12] ist dieser Wortgebrauch doch äußerst <u>bedenklich</u>. Heute spricht man von African-Americans, allerdings ist dieser Terminus auch problematisch, was in Franklins Erzählung *Grit* thematisiert wird: »I ain't no got-damn African American. I'm American American!«[13]. Die Verwendung tabuisierter Wörter sorgt weiterhin für Kontroversen, aber weder Verbot noch <u>Zensur</u> schaffen Abhilfe.[14] Es gilt vielmehr, die Problematik und die Hintergründe zu thematisieren.

In *Crooked Letter, Crooked Letter* gibt es ein breites Spektrum an Verwendungsformen des Ausdrucks *nigger*. Vergleiche wie »poor as niggers« (S. 141) sind im Sprachgebrauch von Larrys Vater selbstverständlich. Larrys Mitschüler Philip sagt, als er von dessen Date mit Cindy Walker erfahren hat: »I heard she likes niggers« (S. 136). Woraufhin Larry, ohne nachzudenken, kontert: »Yo momma likes niggers« (ebd.). Larry selbst ist in diesem Augenblick völlig überrascht, dass

bedenklich: questionable | **Zensur:** censorship

er ausgerechnet durch diesen spontanen Austausch rassistischer Terminologie und die Tatsache, dass er ein Date hat, plötzlich die Akzeptanz seiner Mitschüler genießt. Wallace Stringfellow wiederum ist geradezu stolz darauf, dass sein Kampfhund angeblich vor allem *niggers* hasst: »Hates niggers worse than anything« (S. 192).

■ Teilhabe am Rassismus: ein Weg zur Akzeptanz

Schließlich ist der Augenblick, in dem Larry seinen Freund Silas als »nigger« (S. 103) beleidigt, von zentraler Bedeutung für die Handlung des gesamten Romans. Mit dieser spontanen Beleidigung, die er aus einer verzweifelten Lage heraus äußert, übt Larry in unverzeihlicher Weise Verrat an der Freundschaft zu Silas. Mit dieser Beleidigung greift er auf die einzige Waffe zurück, die ihm in diesem Augenblick noch zur Verfügung steht und im übertragenen Sinne ebenso verletzend wie die Schusswaffe seines Vaters ist. Hier manifestiert sich der Glaube an die eigene Überlegenheit bloß aufgrund der Hautfarbe. Ab diesem Zeitpunkt ist alles anders: Schon wenige Sekunden, nachdem das schreckliche Wort ausgesprochen ist, sieht Silas Larry mit anderen Augen an: »Silas looked different than Larry had ever seen him. His eyes now flashed the same fierceness the other black boys at school had, that the girl Carolyn had. He was already sorry but knew it was too late.« (S. 103)

In *Crooked Letter, Crooked Letter* gibt es auch ein

---

verzweifelt: desperate | **unverzeihlich:** inexcusable | **Überlegenheit:** superiority

Beispiel für den Gebrauch des Ausdrucks *nigger* unter Schwarzen. Brenda, eine schwarze Mitarbeiterin im Pflegeheim, nennt Silas »Nigger« (S. 222). Unter Schwarzen gebraucht, ist hierin keine schwere Beleidigung zu sehen. Zwar wird Brenda nie explizit als schwarze Frau beschrieben, weshalb diese Passage mitunter fehlinterpretiert wird,[15] doch wer den Roman genau liest, weiß, dass sie schwarz ist. Im ersten Kapitel des Buches wird nämlich berichtet, dass sowohl Bewohner als auch Bedienstete im Heim schwarz sind (S. 4). Dies wirft die Frage auf, wie man denn in diesem abwechselnd zwischen Larry (weiß) und Silas (schwarz) erzählten Roman überhaupt zuverlässig zwischen Schwarzen und Weißen unterscheiden kann, sofern keine <u>expliziten Angaben</u> vorhanden sind.

Diese schwierige Frage lässt sich auch anhand der Figur Angie beleuchten: Wenn man flüchtig liest, kann man erst einmal nicht entscheiden, ob Angie nun weiß oder schwarz ist, denn die Angaben wirken zunächst widersprüchlich. Erst wenn man die erzählerische Perspektive bedenkt, aus der jeweils berichtet wird, wird klar, dass Angie schwarz ist. Zu Beginn des Romans wird sie als »pretty« und »light-skinned« (S. 18) beschrieben, erst in Kapitel 17 wird sie aus Larrys Perspektive explizit als schwarz bezeichnet (»pretty black girl«, S. 295). Was zunächst <u>widersprüchlich</u>

■ Hautfarbe: eine Frage der Perspektive

---

explizite Angaben: explicit information (*no pl.*) | **widersprüchlich:** contradictory

wirkt, hat einen ganz einfachen Hintergrund: Die Angaben »pretty« und »light-skinned« stammen von Silas, der als Schwarzer ihren Hautton als hell empfindet. Der weiße Larry sieht ein »schwarzes Mädchen«, das hübsch ist; der schwarze Silas sieht einfach ein »Mädchen«, das hübsch ist. Dass es sich um eine Schwarze handelt, ist für ihn keine Besonderheit und wird deshalb auch nicht ausgesprochen. Der Krankenhausmitarbeiter Jon, <u>wird</u> von Silas dagegen explizit als weiß <u>wahrgenommen</u>: »old white man« (S. 166).

Der Text entspricht in diesem Aspekt konsequent der jeweiligen Erzählperspektive, worin eine der Leistungen des Romans zu sehen ist: <u>Eingebettet</u> in die Gestaltung dieser Erzählperspektiven ist ein zentrales Anliegen des Romans, nämlich zu zeigen, dass Beurteilungen vielfach auf rein subjektiven Sichtweisen beruhen.

Das Verhältnis von Gegenwart und Vergangenheit

Mit seinen vielen <u>Rückblenden</u>, die in eine <u>ausgeklügelte</u> narrative Struktur eingebettet werden, ist *Crooked Letter, Crooked Letter* offensichtlich ein Roman über Vergangenheit und Gegenwart und das Verhältnis dieser beiden Zeitebenen zueinander. Der Ro-

---

als etw. wahrgenommen werden: to perceived as s.th. | **eingebettet:** embedded | **Rückblende:** flashback | **ausgeklügelt:** ingenious

man wirft so in <u>unaufdringlicher</u> Weise eine Reihe von Fragen auf: Wie können wir die Gegenwart verstehen, wenn wir über die Vergangenheit in Unkenntnis sind? Was bedeutet es, ein Geheimnis jahrzehntelang zu hüten? Welche Auswirkungen hat dieses Verdrängen der Wahrheit auf ein Individuum? Wie gehen wir mit Schuld um? Was bedeutet Freundschaft unter diesen Bedingungen?

Silas ›löst‹ den Fall nicht in erster Linie durch <u>akribische</u> Polizeiarbeit, sondern dadurch, dass er <u>sich mit</u> seiner eigenen Vergangenheit <u>auseinandersetzt</u>. Am deutlichsten wird dies, als er die Leiche Tina Rutherfords in der Hütte findet, in der er einige Jahre lebte. In der Öffentlichkeit wird diese Entdeckung als Ergebnis guter Polizeiarbeit gefeiert, dabei handelt es sich vor allem um eine schmerzhafte Reise in die eigene Vergangenheit. Von diesem sehr <u>intimen</u> Aspekt ahnt die Öffentlichkeit allerdings nichts. Hier greift das bekannte Muster, dass der Ermittler persönlich in den gerade zu lösenden Fall involviert wird.

■ Silas' Konfrontation mit der Vergangenheit

Crooked Letter, Crooked Letter lässt sich unter diesem Aspekt auch als ein Roman über das Erwachsenwerden auffassen. In einem solchen <u>Entwicklungsroman</u> wird der Werdegang eines jungen Menschen präsentiert, wobei der Fokus auf <u>Einflüssen</u> wie Schule und Familie liegt. Das geschieht auch in Franklins

■ Ein Buch über das Erwachsenwerden

---

unaufdringlich: unobtrusive; discreet | **akribisch:** meticulous | **sich mit etw. auseinandersetzen:** to deal with s.th.; to grapple with s.th. | **intim:** intimate | **Entwicklungsroman:** coming-of-age novel | **Einfluss:** influence

Roman, aber es handelt sich dabei um eine Entwicklungsgeschichte mit vielen <u>Brüchen</u>. Nirgendwo findet sich in *Crooked Letter, Crooked Letter* ein geradliniger Lebenslauf ohne Brüche. Insofern manifestiert sich auch hier die Anspielung auf Krummheit im Titel. Dass sich Silas mit dem Erwachsenwerden beschäftigt, wird im Roman explizit thematisiert:

- »Was that what childhood was [...]? If so, what was adulthood?« (S. 259)
- »Silas inhaled, a man now, full of unknowns yet, but, maybe, with some future still ahead.« (S. 305)

Dieser Punkt »a man now« wird erst am Ende des Romans erreicht, so dass man sich fragen muss, welche Aspekte seines <u>Werdegangs</u> dazu beitragen, dass er nun im Bewusstsein, endlich ein Mann geworden zu sein, <u>Gelassenheit</u> und <u>Zuversicht</u> ausstrahlt. Es ist wohl die Tatsache, dass er sich mit seiner eigenen Vergangenheit auseinandergesetzt hat und nun mit ihr abschließen kann. Der Blick zurück in die Vergangenheit hat dabei zwei Aspekte: Silas stellt fest, dass ihm als Kind entscheidende Informationen gefehlt haben. Er nennt sie »gaps in his understanding« (S. 293). Dabei denkt er an die ihm damals etwas rätselhaft erscheinende Szene, als Ina Ott seiner Mutter die gebrauchten Mäntel mit dem Hinweis übergab, dass

Bruch: break | **Werdegang:** development | **Gelassenheit:** *hier: sereneness* | **Zuversicht:** confidence diese ja auch sonst nicht zögere, die Dinge anderer Menschen zu benutzen. Silas hatte damals nicht begriffen, dass die angebotenen Mäntel nur scheinbar Wärme und Schutz bedeuten, in erster Linie jedoch ein Zeichen von Ina Otts Ablehnung waren – »defeat, shame, loss, hopelessness« (S. 293), dafür stehen in Wirklichkeit die Mäntel. Am Ende des Romans ist Silas, der nun die Zusammenhänge des in der Vergangenheit Erlebten begriffen hat, mit sich im Reinen.

Der Blick zurück beschäftigt auch Larry. Wenn er sich an seine idyllische Kindheit zurückerinnert, ist dies allerdings mit einer Klage über die heutigen Zustände verbunden (S. 270). Man kann in seinem Fall von einer Sehnsucht nach einer vergangenen, besseren Welt sprechen, nach einer Zeit, in der die Blätter grün waren; in der man die Waffe im Wohnzimmer einfach abstellen konnte; in der die Sonne den Oberkörper des Vaters nicht gefährdete, sondern lediglich bräunte. Larry ist mit der Gegenwart unzufrieden: Die Wälder sind gerodet, und während der Vater früher die Zecken und Sandflöhe (»chiggers«, S. 270) einfach akzeptierte, macht man sich nun über die Krankheiten Gedanken, die solche Tiere übertragen können. Wenn man heute ein Gewehr in die Schule mitnimmt, steht man sofort im Verdacht, einen Amoklauf zu planen. Es ist bezeichnend, dass Larry unkritisch meint, Fernsehbilder zeigen genau, was

■ Sehnsucht nach einer vergangenen Welt

---

mit sich im Reinen sein: to be at peace with oneself | **etw. übertragen:** *hier:* to transmit s.th. | **Amoklauf:** school shooting; mass shooting

aus der Welt geworden ist. Ihm selbst fehlte ja <u>jahr-</u><u>zehntelang</u> der Kontakt zur Außenwelt, er war in sei-ner eigenen Welt gefangen.

Ein wesentlicher Teil des Umgangs mit der Vergan-genheit ist die Frage der Schuld bzw. das <u>Eingestehen</u> der eigenen Schuld. Das gilt besonders für Silas. Ob-wohl der christliche Glaube in *Crooked Letter, Crooked Letter* eine gewisse Rolle spielt – zu denken ist z. B. an das <u>ritualisierte</u> Tischgebet, auf das Larrys Mutter be-steht (»the blessing his mother insisted on«, S. 132) –, hat die Frage der Schuld im Roman mit dem Christen-tum und mit der damit verbundenen Vorstellung von Sünde nichts zu tun. Silas empfindet seiner Mutter, Larry und auch Cindy gegenüber Schuld. Seine Schuld Larry gegenüber ist ohne Zweifel am schwerwie-gendsten und auch am komplexesten. Silas hat Larry nach dem Kampf um das Gewehr, bei dem er von sei-nem Freund rassistisch beleidigt wurde, aus seinem Leben <u>verbannt</u>. Er ist auch mit dafür verantwortlich, dass Larry aus der Gemeinschaft ausgeschlossen wur-de, indem er verschwieg, dass er selbst – und nicht et-wa Larry – Cindy als letzte Person gesehen hatte. Aus diesem Grund musste Larry mehr als zwei Jahrzehnte lang eine einsame Existenz führen. Und schließlich ignorierte er, nachdem er nach seiner Ausbildung nach Chabot zurückgekehrt war, auch noch Larrys

■ Silas' Schuld-gefühl

---

jahrzehntelang: for decades; decade-long | **sich etw. eingestehen:** to admit s.th. to oneself | **ritualisiert:** ritualised | **jdn. verbannen:** to banish s.o.

Nachrichten. Dass sich Larry bei ihm unter anderem für die Beleidigung entschuldigen wollte, die er als Junge im Affekt ausgesprochen hatte (S. 258), macht Silas' abweisende Haltung noch bitterer. Sich entschuldigen und um Vergebung bitten zu können, ist ein wichtiger Aspekt einer guten Freundschaft, und wenn Larry hierzu die Gelegenheit gehabt hätte, wäre alles vielleicht anders gelaufen.

Inwiefern Silas Schuld empfindet, weil er Cindy als Jugendlicher hat sitzenlassen, ist schwer zu sagen. Schließlich erfahren wir bis zum Schluss nicht, was genau an dem Abend vorgefallen ist. Wir wissen nur, dass das Treffen zwischen Silas und Cindy schiefgegangen ist und das Mädchen in einem instabilen emotionalen Zustand nach Hause ging. Dort wurde sie vermutlich von ihrem gewalttätigen Stiefvater getötet. Es ist kaum vorstellbar, dass Silas die Frage einer Mitschuld in diesem Zusammenhang nicht beschäftigt.

Auch der eigenen Mutter gegenüber empfindet Silas Schuld, diese ist allerdings allgemeinerer Art: er hat das Gefühl, sie vernachlässigt zu haben. Sie ist einsam gestorben. Er hat sich ihr gegenüber nie dankbar gezeigt.

Silas' Schuld bedrückt ihn so sehr, dass er sich selbst als einen Verbrecher ansieht. Dies geht mit der Erkenntnis einher, dass er Larry 25 Jahre seines Lebens

im Affekt: in the heat of the moment | **abweisende Haltung:** rejection | **kaum vorstellbar:** unimaginable | **vernachlässigt:** neglected

125

geraubt hat (S. 258). Mit dieser Schuld kommt Silas zunächst nicht zurecht. Nachdem Larry ihn gefragt hat, warum er ihn nie zurückgerufen hat, betrinkt er sich und fährt auch alkoholisiert Auto. Er begeht also genau dasjenige Verkehrsdelikt, das er als Polizist ahnden soll. Am nächsten Morgen antwortet er auf Marthas Frage, warum er sich betrunken hat, schlicht und einfach: »Guilt« (S. 273). Er kommt zu dem Schluss, dass es mehr als eine schlechte Gewohnheit war, seine eigene Schuld nicht einzugestehen, sondern vielmehr das leitende Prinzip seines Lebens. Er muss erkennen, dass sein ganzes Leben nach diesem Muster gelaufen ist: »The past is always with us« (Tom Franklin).[16]

Für alle Figuren im Roman ist die Vergangenheit eine düstere, voller Schmerz. Silas gelingt es, durch das Eingestehen seiner eigenen Schuld, durch eine Auseinandersetzung mit der Vergangenheit und durch ganze praktische Handlungen (er kümmert sich zusammen mit Angie um das Haus seines Freundes und Halbbruders) gegen Ende des Romans mit sich Frieden zu schließen.

Larry bleibt jahrzehntelang in der Vergangenheit gefangen. Die Tatsache, dass er von der ganzen Gesellschaft als Vergewaltiger und Mörder angesehen wird, ändert sein Leben völlig. Sein Leben entwickelt sich nicht mehr weiter:

Verkehrsdelikt: traffic offence | **leitendes Prinzip:** guiding principle

»Their lives had stopped, frozen, as if in a picture, and the days were nothing more than empty squares on a calendar.« (S. 155)

Sein ganzes Familienleben kommt in den Jahren nach Cindy Walkers Verschwinden zum Stillstand. Dieser Stillstand prägt Larrys Leben auch noch weitere 20 Jahre nach dem Ereignis. Zwar entkommt er diesem Stillstand eine Zeitlang, indem er beim Militär dient, aber er kehrt anschließend nach Chabot zurück und führt eine Existenz, die sich an <u>Eintönigkeit</u> kaum überbieten lässt: tagein tagaus das gleiche Ritual, keine Freunde, keine eigentliche Arbeit. French beschreibt Larry entsprechend als »frozen in the 1960s kind of character« (S. 74). Larry lebt ohne Fernbedienung für seinen Fernseher und ohne Computer, und sein Haus ist voller Bücher und Kleidungsstücke, die noch aus seiner Kindheit stammen.

■ Zum Stillstand verurteilt

Silas lebt hingegen sein Leben weiter, hatte eine Reihe von Freundinnen und ist in der Gegend bekannt und respektiert. Seine Erfahrung des <u>Stillstands</u> ist eine völlig andere: Am Abend vor der Begegnung mit Wallace Stringfellow sitzt Silas in eben demjenigen Bus, mit dem er vor mehr als 20 Jahren zur Schule gefahren ist (der Bus dient nun als Bar). »Everything frozen« (S. 259), bemerkt er. Er erfährt den Stillstand, den Larry über Jahrzehnte hinweg erlebt hat, als einen plötzlichen, <u>überwältigenden</u> Augenblick, der ihn

Eintönigkeit: dullness | **Stillstand:** standstill | **überwältigend:** overwhelming veranlasst, sich zu Kindheit und Erwachsenwerden Gedanken zu machen. Just an diesem Abend rutscht er ab und betrinkt sich: Sein Leben droht <u>aus den Fugen zu geraten</u>.

■ Sich mit der Vergangenheit auseinandersetzen

Der Roman macht sehr deutlich, dass wir uns mit vergangenen Taten oder sogar <u>Vergehen</u> auseinandersetzen müssen, wenn wir glücklich weiterleben wollen. Es ist überraschenderweise French, der diese Weisheit am deutlichsten ausspricht, und zwar ausgerechnet, als er versucht, Larry zu einem Geständnis zu bewegen: »And you can bury the past but it always seems to come back, one way or another.« (S. 246) Am Ende des Gesprächs kommt noch eine Empfehlung, die er sicherlich an Silas gerichtet hätte, wenn er um sein Geheimnis, das dieser jahrzehntelang mit sich herumtrug, gewusst hätte: »the only way you'll ever feel better about this is to own up and pay the price« (S. 248). Es ist ironisch, dass Larry nach diesem Gespräch beinahe ein Verbrechen gesteht, das er gar nicht begangen hat.

Als sich Silas endlich der Vergangenheit stellt, spürt er plötzlich die ganze Last, die ihn förmlich <u>erdrückt</u>. Es ist eine überwältigende Erfahrung, die Franklin in einem starken Bild fasst:

»Here it all came. A quarter of a century bunching up on him, bearing down, a truck slamming on its

---

aus den Fugen geraten: to derail | **Vergehen:** misdeed | **jdn. erdrücken:** to overwhelm s. o.

brakes and its logs sliding forward, over the cab, through the window, the back of his head, shooting past him in the road.« (S. 252)

Wie eine tonnenschwere Last beim plötzlichen Bremsen mit unaufhaltbarer Kraft und Momentum eine gewaltige zerstörerische Kraft entwickeln kann, so sind es mehr als 20 Jahre Verdrängung und Schweigen, die jetzt Silas aus der Bahn werfen und ihn zu einem Geständnis drängen. Innerlich ist er zerrissen, aber es gelingt ihm dann doch, mit wenigen Worten die Wahrheit zu sagen.

■ Ein überwältigender Augenblick

Eine unmittelbare Auswirkung dieser Wahrheitsfindung ist die Erkenntnis, dass Silas vielleicht niemals ein guter Freund für Larry gewesen ist. Die Freundschaft zwischen den beiden Jungen dauerte von Februar bis Juni 1982. Nicht wissend, dass sie eigentlich Halbbrüder sind, genießen sie eine nicht ganz unbeschwerte, aber doch idyllische Zeit. Nun als Erwachsene machen sich Larry und Silas beide zu ihrer Freundschaft und zu Freundschaft überhaupt Gedanken. Dabei fordert Larry Silas auf, French zu sagen, dass sie einmal Freunde waren:

»›Tell em, Silas,‹ Larry said, ›that we used to be friends.‹
›Yeah,‹ French said. ›Tell us, Silas.‹
›We was,‹ he told Larry.« (S. 251)

Verdrängung: denial | **zerrissen:** torn up | **unbeschwert:** untroubled

Im Verlauf des Gesprächs werden jedoch immer mehr Einzelheiten über ihre Freundschaft ausgesprochen, die Silas zunehmend <u>unter Druck setzen</u>. Zum Schluss muss Silas sich eingestehen, dass er Larry kein Freund war:

> »›We were friends. Weren't we, Silas?‹
> *Tell the fucking truth,* 32. Silas.
> ›You were, Larry,‹ he said. ›I don't know what I was.‹« (S. 254)

Silas' Verrat an ihrer Freundschaft bestand in seinem fortgesetzten Schweigen.

■ Was ist Freundschaft?

Bei der späteren ›Freundschaft‹ zwischen Larry und Wallace Stringfellow verhält es sich ganz anders. Schon während dieser Freundschaft macht sich Stringfellow Gedanken darüber, was es heißt, Freunde zu sein. Unmittelbar vor seinen Gewalt- und Vergewaltigungsphantasien äußert sich Stringfellow Larry gegenüber zu seinem Verständnis von Freundschaft:

> »I don't care if you done it or not, took that girl. We'd still be friends if you did. [...] We friends, and a friend, a best friend, he wouldn't never do you that way, wouldn't never call the law on his friend, no matter what his friend done.« (S. 204 f.)

---

jdn. unter Druck setzen: to put s.o. under pressure

Was hier vor allem zum Ausdruck kommt, ist eine Strategie Stringfellows sicherzustellen, dass sein eigenes <u>Fehlverhalten</u> konsequenzenlos bleibt: Er erwartet von seinem Freund Larry <u>bedingungslose Treue</u>. Es geht hier um <u>Vorbeugung</u> eines Verrats, und zwar in einem ganz konkreten Sinn: Stringfellow möchte verhindern, dass ihn Larry an die Polizei ausliefert. Auch hier liegt also keine echte Freundschaft vor.

Diese Thematik der Vergangenheit ist alles andere als heiter, ja in *Crooked Letter, Crooked Letter* herrscht eine melancholische Grundstimmung, als wäre die Vergangenheit eine <u>Last</u>. Aber der Roman endet versöhnlich, und es hat den Anschein, als würden Larry und Silas es schaffen, miteinander eine Beziehung aufzubauen. Dass diese Beziehung auch über unterschiedliche Hautfarben hinwegsehen wird und muss, ist auch eine versöhnliche Botschaft an den trotz allem realistisch dargestellten Rassismus im Süden der USA.

Fehlverhalten: blunder; mistake | **bedingungslose Treue:** absolute loyalty | **Vorbeugung:** prevention | **Last:** burden

7. Autor und Zeit

Leben

Thomas Gerald (Tom) Franklin stammt aus dem US-Bundesstaat Alabama. Er kommt am 7. Juli 1963 zur Welt. Sein <u>Geburtsort</u>, Dickinson, liegt ca. 40 Kilometer nordwestlich von Monroeville, wo Harper Lee, Verfasserin des Welterfolgs *To Kill a Mockingbird*, aufgewachsen ist und wo auch der Schriftsteller Truman Capote eine Zeitlang lebte. Dickinson selbst ist mit ca. 500 Einwohnern von der Größe her vergleichbar mit dem <u>fiktiven Ort</u> Chabot aus *Crooked Letter, Crooked Letter* (Franklin bezeichnet den Ort als »itty bitty Dickinson, Alabama«). In Dickinson lebt Franklin bis zum 18. Lebensjahr bei seiner Familie.

Franklin bezeichnet seine Kindheit rückblickend als »strange«. Er ist ein <u>empfindsames</u> Kind ohne Interesse am Sport, das in einem sozialen und <u>kulturellen Umfeld</u> aufwächst, in dem sportliche Leistungen, insbesondere im American Football, alles bedeuten und körperliche Stärke und Sportlichkeit weit mehr zählen als Bildung und Kultur. Unter solchen Voraussetzungen kann von einer vollkommen glücklichen Kindheit und Schulzeit wohl nicht die Rede sein. Andererseits liefert Franklin dieser Konflikt zwischen

---

Geburtsort: place of birth; birthplace | **ein fiktiver Ort:** a fictional place | **empfindsam:** sensitive | **kulturelles Umfeld:** cultural environment

dem eigenen Wesen einerseits und den Erwartungen von Familie und Gleichaltrigen andererseits viel Material für spätere schriftstellerische Versuche. Der junge Franklin versucht sich anzupassen: Er nimmt an der Jagd teil und lernt den Umgang mit Schusswaffen. Er tut dies, um andere Menschen glücklich zu machen, aber vor allem um nicht als »pussy« – als femininer Schwächling – aufzufallen: »[W]hen I was growing up, a boy who didn't hunt was branded as a pussy«[17]. Ja, Franklin betreibt die Jagd sogar mit einem gewissen Fanatismus. Er darf schon mit zwölf Jahren das Auto des Vaters fahren, darf losziehen und auf alles schießen, was sich bewegt. In seinen eigenen Worten: »There was not an animal that walked or flew or crawled or slunk or swam that I didn't kill as a kid. Of course I deeply regret it now« (Interview, A. W.). Bemerkenswert ist die Tatsache, dass das Aufregende für ihn nicht darin besteht, die Tiere zu erlegen, sondern darin, durch diese Tätigkeit als normal zu gelten. Es sei »the thrill of people thinking I was normal« (Interview, A. W.), der ihn antreibt. Weder die Lust am Töten noch am Abenteuer, sondern die <u>Sehnsucht nach Normalität</u> und Akzeptanz bedingt sein Treiben. Franklin beschreibt dieses durch sein soziales Umfeld bedingte Männlichkeitsideal in einigen seiner Bücher, vor allem in den Erzählungen der Sammlung *Poachers*, wo er von sich selbst schreibt: »I became the most zealous [eifrig] hunter of us all«[18]. Auch in

■ Keine Schwäche zeigen

Sehnsucht nach Normalität: longing for normality

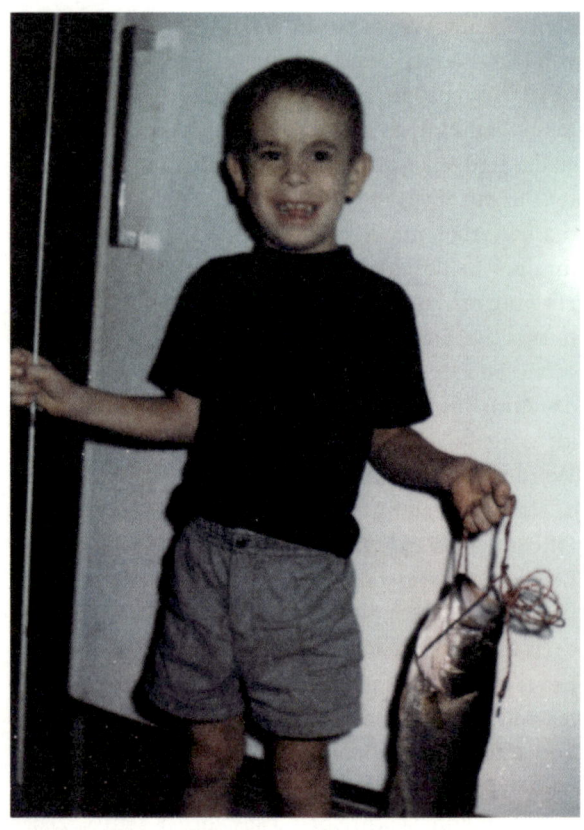

Abb. 4: Tom Franklin im Alter von ca. 6 Jahren. –
Mit Genehmigung von Tom Franklin

Crooked Letter, Crooked Letter spielt der Umgang mit Waffen eine wesentliche Rolle.

Franklin ist ein phantasievolles Kind mit einem besonderen Interesse für Comics, die er auch selber nachahmt (»I wrote a lot of bad imitations of those«; Interview, A.W.). In der Familie und in seinem Umfeld gibt es einige Menschen, die begnadete Geschichtenerzähler sind. Häufig geht es in diesen Geschichten um die Jagd. Der junge Zuhörer erlebt hier die Kunst des Variierens und Übertreibens und saugt wohl intuitiv auf, wie man eine gute Geschichte strukturiert. Er erinnert sich gut an die Erzählungen eines Onkels, der einen Hirsch erlegt hatte und die Geschichte der Jagd immer wieder erzählte und jedes Mal mit neuen Details ergänzte: »This is how you tell a story!«, erkennt der junge Franklin.

■ Die Kunst des Erzählens aufsaugen

Die Schule erfährt Franklin wohl als weniger anregend. Er ist kein Überflieger, sondern erzielt eher durchschnittliche Noten. Die Horrorromane Stephen Kings zieht er Shakespeare als Pflichtlektüre vor. In der Schule bleibt er ein Außenseiter. Einige Episoden aus seiner Schulzeit verarbeitet er in seinen Werken. Ein Beispiel hierfür sind die Umstände eines Dates in der 11. Klasse, die den Erlebnissen Larry Otts in *Crooked Letter, Crooked Letter* sehr ähneln: Franklin wird wie Larry Ott unter einem Vorwand auf ein Date

---

etw. nachahmen: to imitate s.th. | **begnadet:** exceptionally (*adv.*) gifted | **Überflieger:** high-flyer; high achiever | **unter einem Vorwand:** under a pretext

eingeladen, damit ein schwangeres Mädchen ein heimliches Treffen mit ihrem Freund arrangieren kann. Auch Franklin erlebt in Verkennung der wahren Zusammenhänge ein <u>Glücksgefühl</u> angesichts des bevorstehenden Dates; er erhält wie Larry Geld vom Vater und darf das Auto benutzen, um ins Autokino zu fahren. Das Mädchen kommt jedoch nicht ins Autokino mit, und er <u>täuscht</u> ihre Anwesenheit mithilfe einer Decke <u>vor</u> – wohl eher aus Stolz als aus Angst. Die Roman-Episode mit Larrys Maske auf der Halloween-Party geht laut Franklin ebenfalls auf eigene Erfahrungen zurück – wie Larry bemüht er sich vergeblich um Akzeptanz.

Die Religion spielt in Franklins Familie eine zentrale Rolle, was in vieler Hinsicht typisch für die Südstaaten ist: »Ours was a godly household […] and we said grace at every meal (even if we ate out) and prayed as a family each night, holding hands.«[19] Dies erinnert an die Signifikanz des Betens für Larry und seine Mutter in *Crooked Letter, Crooked Letter*. In Franklins Heimatstadt Dickinson bietet die »Baptist Church« die einzige Möglichkeit der institutionellen Ausübung von Religion. Franklins Eltern fahren mit dem Wagen zu den Gottesdiensten, obwohl sich die Kirche in kaum 300 Metern Entfernung befindet. Später geraten seine Eltern, die sich für die <u>Zungenrede</u> interessieren (damit ist das unverständliche

---

Glücksgefühl: a feeling of happiness | **etw. vortäuschen:** to feign s.th. | **Zungenrede:** talking in tongues

Sprechen im Gebet gemeint) unter den Einfluss eines <u>Predigers</u> namens »Brother Bob«, der solches <u>propagiert</u>. Sie dürfen daraufhin nicht mehr die örtliche Kirche besuchen, die dem Zungenreden kritisch gegenübersteht. Daher veranstalten sie Treffen in den eigenen vier Wänden, bei denen Familienmitglieder und auch andere Interessierte diese besondere Form von Religiosität erleben. Franklin ist als Kind hiervon nicht sonderlich beeindruckt und findet das <u>Gemurmel</u> eher belustigend: »it just sounded like someone imitating Japanese« (Interview, A. W.). »Brother Bob« lebt sogar eine Zeitlang bei der Familie (und wird, als er weiterzieht, durch einen anderen ersetzt). Die Franklins errichten im Wald sogar eine eigene Kirche (Franklins Vater hat eine Naturbegabung fürs Bauen).

■ Ungewöhnliche religiöse Erfahrungen

Das Miterleben dieser fragwürdigen Praktiken und pseudo-religiösen Veranstaltungen, bei denen angeblich auch Wunder stattfinden, <u>prägt</u> Franklin, auch wenn er sagt, er habe das Ganze mit einem gewissen Abstand betrachtet: »I didn't like being prayed for« (Interview, A. W.). Man darf gespannt sein, auf welcher Art und Weise <u>sich</u> diese Erlebnisse im Werk <u>niederschlagen</u>. In *Crooked Letter, Crooked Letter* spielt die Religion zwar keine allzu große Rolle; in Franklins Western-Parodie *Smonk* hingegen ist der

---

Prediger: preacher | **etw. propagieren:** to propagate s.th. | **Gemurmel:** mumbling | **prägen:** to form; to influence | **sich in etw. niederschlagen:** to be reflected in s.th.

irregeleitete christliche Glaube ein wichtiger Bestandteil der Handlung.

Nach dieser Phase werden die Kirchenbesuche der Familie in der »Gulf Coast Covenant Church« in der Hafenstadt Mobile fortgesetzt, in Franklins Worten »a very strange church« (Interview, A. W.), die man durchaus als Sekte betrachten kann. Jeden Samstagabend findet ein dreistündiger Gottesdienst statt. In den Augen der Kinder ist das keine ideale Samstagsbeschäftigung, insbesondere wenn man die lange An- und Rückreise bedenkt. Sozusagen um sich hierfür zu entschädigen, beginnt Franklin sich jede Woche dort neue Bücher zu kaufen – in Dickinson selbst gibt es keine Buchhandlung. Er liest Populärliteratur: Stephen King und Tarzan-Geschichten gehören zu seiner Lieblingslektüre.

■ Lektüre als ›Entschädigung‹

Nach Abschluss der Schule folgt nach Franklins eigenen Angaben sein interessantester Lebensabschnitt. Er arbeitet sehr viel. Es handelt sich dabei zunächst um Aufgaben, bei denen er schwere körperliche Arbeit leisten muss. Ein Onkel vermittelt ihm eine Stelle in einer Sandstrahlfabrik. Der 19-Jährige muss 40 Kilogramm schwere Sandsäcke hieven (an den Folgen leidet sein Rücken heute noch). Nicht weniger anstrengend ist eine Stelle bei einem Unternehmen, das verseuchte Industriestandorte saniert. Er muss mit

■ Harte Arbeit

irregeleitet: misguided | **Lieblingslektüre:** favourite reading | **körperliche Arbeit:** manual labour | **Sandstrahlfabrik:** sand-blasting factory | **verseucht:** contaminated

Abb. 5: Porträt von Tom Franklin. – © Annette Hornischer / American Academy in Berlin

einem <u>Atemschutzgerät</u> ausgerüstet Erdproben nehmen. Später findet er angenehmere Jobs: Als Aufsicht
bei der <u>Nachtschicht</u> findet er sogar Zeit zu lesen und
zu schreiben. Insgesamt zehn Jahre lang arbeitet

Atemschutzgerät: self-contained breathing apparatus |
Nachtschicht: night shift

Franklin in Vollzeit und besucht daneben Kurse, die er selbst bezahlt. Er belegt die unterschiedlichsten Fächer: Biologie, Geschichte, Schreiben.

In dieser Zeit stellt er fest, dass seine bisherige Lektüre etwas eingeschränkt war. Als überzeugter Stephen-King-Fan muss er einsehen, dass King recht hatte, als er seine eigenen Bücher mit »Big Mac and fries« – mit leichter ungesunder Fast-Food-Kost also – verglich. Franklin nimmt sich nun Klassiker vor, wie z. B. Harper Lees *To Kill a Mockingbird* und Joseph Hellers *Catch 22*, in seinen eigenen Worten »the books I should've already read, but hadn't« (Interview, A. W.).

Im Alter von 30 Jahren findet eine Art Wende in Franklins Leben statt: Franklin findet sich selbst und entdeckt seine eigentliche Bestimmung: »At thirty I finally discovered who I was and where I should be« (Interview, A. W.). Eine Mischung von Studium und Lehrtätigkeit[20] führt zu einem großen Glücksgefühl, und er realisiert nun, wie unglücklich er bis dahin gewesen ist. In dieser Zeit beginnt er Erzählungen zu veröffentlichen und beschließt, das Schreiben ernsthaft zu betreiben. Schon bald gewinnt er erste Preise für seine Werke. Nachdem er an der University of South Alabama einen Bachelor-Abschluss erworben hatte, folgte 1998 ein Master-Abschluss an der University of Arkansas. Dort lernt er seine Frau kennen, die Schriftstellerin Beth Ann Fennelly. Sie heiraten und haben drei gemeinsame Kinder.

Nach eigenen Angaben schreibt Franklin achtzig Prozent des Romans *Crooked Letter, Crooked Letter* in

Brasilien, als sich seine Frau dort <u>zu Forschungszwecken</u> aufhält. Der Großteil des Romans entsteht sehr schnell. Das <u>Evozieren</u> der Naturwelt Alabamas ist eine Leistung des sich an die Heimat erinnernden Schriftstellers. Franklin ist selbst überrascht, wie viele autobiographische Elemente in *Crooked Letter, Crooked Letter* zu finden sind, insbesondere was seine Ähnlichkeiten mit Larry betrifft. Obwohl es ganz klare Unterschiede zwischen ihm und seiner Romanfigur gibt (z. B. gründet Franklin eine Familie, sein Vater trinkt nicht und er selbst verfügt über keine handwerkliche Begabung), haben sie auch eine Reihe von Gemeinsamkeiten: Franklin ist einsam in der Schule, obwohl er einen schwarzen Freund hat, mit dem er allerdings in der Mittagspause nicht zusammensitzt, weil das unüblich ist. Wie Larry ist er ein »loner«.

Ohne eine konkrete Aussage über seine politische Gesinnung machen zu wollen: Franklin gehört sicherlich zu denjenigen amerikanischen Künstlern, denen es schwerfiel, das Wahlergebnis im November 2016 zu akzeptieren. Zum Zeitpunkt der Wahl befindet er sich im Ausland (Franklin ist 2016 in Berlin zu Gast) und gibt an, am liebsten nicht mehr in die Staaten zurückkehren zu wollen. In Interviews zeigt sich Franklin als bescheidener, leiser Mann, mit einem trockenen und subtilen Sinn für Humor. Tom Franklin ist zurzeit Associate Professor an der University of Mississippi in Oxford.

■ Die Arbeit an *Crooked Letter, Crooked Letter*

■ Autobiographische Bezüge

■ Ein bescheidener Mann mit Sinn für Humor

zu Forschungszwecken: for research purposes | **Evozieren:** evocation

Werke

Tom Franklins Werke haben ohne Ausnahme einen stark ausgeprägten regionalen Bezug, auch wenn es verkehrt wäre, in ihnen eine Art Heimatliteratur zu sehen. Franklin selbst lehnt es ab, in eine regionale <u>Schublade gesteckt</u> zu werden. Ein Zitat aus seiner Erzählungensammlung *Poachers* mag veranschaulichen, in welcher Weise Franklin aber dennoch darum bemüht ist, seine Heimat künstlerisch zu verarbeiten: »I've never lost the need to tell of my Alabama, to reveal it, lush and green and full of death.«[21] Es ist ihm offensichtlich ein Bedürfnis, von Alabama zu erzählen. Auch *Crooked Letter, Crooked Letter* enthält einige Passagen, in denen diese Üppigkeit der Natur besonders zum Tragen kommt. Aber auch die Menschen des Südens prägen Franklin, was ihm klar wird, nachdem er im Alter von 30 Jahren den Süden verlassen hatte. Er erkennt: »[...] how lucky I was to have been raised here in these southern woods among poachers and storytellers.«[22]

■ Tom
Franklins
Alabama

Poachers **(1999)**, Franklins erste Publikation bestehend aus zehn Erzählungen, wird von Kritikern sehr gelobt. Wie ein <u>Ritterschlag</u> wirkt das Lob des Schriftstellers Philip Roth (1933–2018): »Franklin is a vivid portraitist of these harsh human types, and his authority in depicting the natural world [...] is dazzling.«[23] Die Titelgeschichte wird sogar mit dem »Edgar

---

etw. in eine Schublade stecken: to compartmentalise s.th. |
Ritterschlag: accolade

Award for Best Mystery Short Story« ausgezeichnet. In Franklins Kurzgeschichten werden Menschen mit Situationen konfrontiert, bei denen die Grenze zwischen Recht und Unrecht zu verschwimmen beginnt.

In Franklins erstem Roman *Hell at the Breech* (2003) geht es um den sogenannten »Mitcham War«, eine Auseinandersetzung zwischen verarmten Farmern und Stadtbewohnern, die Ende des 19. Jahrhunderts unweit von Dickinson stattgefunden hat. Der Tod eines Händlers, der versehentlich erschossen wurde, führt dazu, dass sich eine Gruppe von Kriminellen und <u>Entmachteten</u> zusammenfindet, die im ganzen County mordet und <u>rechtschaffene</u> Bürger einschüchtert.

Der Roman *Smonk* (2006) ist eine großartige Parodie im Westernstil. Die Handlung spielt in Alabama und zeichnet sich durch Gewalt und Blutvergießen aus, von den sexuellen Handlungen ganz zu schweigen. Stilistisch zeichnet sich *Smonk* durch den kompletten Verzicht auf eine <u>Kennzeichnung</u> der direkten Rede durch Anführungsstriche aus. So wirkt der Roman unmittelbar auf den Leser.

Der Roman *The Tilted World* (2013) ist in Zusammenarbeit mit Beth Ann Fennelly, Franklins Frau, entstanden. Auch hier spielt die Handlung im Süden, und auch hier geht es um historische Ereignisse, nämlich »The Great Mississippi Flood« von 1927, die bislang schlimmste Flutkatastrophe in der Geschichte der USA.

Entmachtete: the disempowered | **rechtschaffen:** upright | **Kennzeichnung:** identification

8. Rezeption

Crooked Letter, Crooked Letter ist ohne Zweifel Franklins bislang größter schriftstellerischer Erfolg. Kritiker sehen in dem Roman weit mehr als nur einen gelungenen Kriminalroman. Neben der bewegenden Darstellung der <u>zerbrechlichen</u> Hauptfiguren wird die Beschreibung der »small-town paranoia« und der Rassenpolitik hervorgehoben.[24] Andere <u>Rezensenten</u> heben die Schönheit der Sprache hervor: Die Kritikerin Allison Block beschreibt die Prosa Franklins lobend mit Adjektiven wie »luminous«, »moody« und »masterful«.[25] Franklin wird nicht selten mit berühmten Schriftstellern des amerikanischen Südens, wie Cormac McCarthy oder Flannery O'Connor, verglichen. Dabei hebt man Franklins differenzierten Blick auf die besonderen Zustände im Süden hervor: »He draws the south [...] in a warm-hearted, sympathetic but not uncritical way«. Die Komplexität des Südens komme gerade in den Reaktionen der Charaktere auf ihre Umgebung zum Ausdruck.[26] Insgesamt spiegelt die kritische Rezeption des Romans die Tatsache wider, dass es Franklin gelungen ist, eine bewegende Geschichte zu erzählen, die von überregionaler Bedeutung ist und zum Nachdenken über Themen des menschlichen Zusammenlebens anregt.

Zum Erfolg des Romans zählt auch, dass er nun in deutscher Übersetzung vorliegt. Der Übersetzer Ni-

Ein Krimi aus den Süd- staaten ...

... und sein Erfolg in deutscher Sprache

zerbrechlich: delicate | **Rezensentin:** critic

kolaus Stingl, der bereits mehrere bedeutende Werke der amerikanischen Nachkriegsliteratur übersetzt hat, hat eine gut lesbare und gelungene Übersetzung angefertigt, die der dichten Sprache Franklins gerecht wird. Die für das Original typischen Ellipsen werden allerdings hierbei in der Regel nicht berücksichtigt, und auch anderer sprachliche Phänomene wie das der doppelten Verneinung werden aus verständlichen Gründen nicht umgesetzt. Die deutsche Übersetzung des Romans wurde im September 2018 auf Platz eins der Krimibestenliste von *Deutschlandfunk Kultur* und der *Frankfurter Allgemeinen Sonntagszeitung* gewählt.

9. Prüfungsaufgaben mit Lösungshinweisen

Aufgabe 1

Characterise Larry *or* Silas

Lösungshinweise

Basic Information
- What do we know about him?

Status
- What is his position within his family?
- Which conflicts is he involved in during the course of the novel?

Personality
- What interests does he have?
- What can you say about his personality based on
  – his actions?
  – the way he speaks?
  – the things he says?

Summary
- Does he change throughout the course of the novel?

Larry is an outsider and always has been. As a school boy, he struggled to find acceptance. His repeated attempts at becoming part of a group are awkward and fail badly: he insults a black girl in the hope of being accepted, and his Halloween mask is loved by all, but as soon as he takes it off his school comrades are no longer interested in him. The only real friendship Larry ever experiences is the brief friendship with Silas. It is telling that it is the boys' own father who destroys the friendship – in an unimaginably cruel way.

Larry's father is domineering and rough with his son. He lets him know in no uncertain terms that he is disappointed with him. He thinks of Larry as a weakling and wishes he was more of a man. Larry's mother recognises that Larry is lonely, and prays every night that God will send him a special friend. But these prayers can also be seen as a sign of weakness. She is unable to take any concrete steps to improve her son's happiness.

Larry is naïve. This leads to some grave misjudgements. The most serious of these is his blind acceptance of Wallace Stringfellow as a friend. Larry realises very late that he needs to rethink his idea of friendship. Larry's naïvety also plays a role in the events that lead to a 25-year-long period of isolation and stigmatisation. If he had understood that Cindy Walker was simply using him, he may not have accepted the invitation to a very questionable date.

Larry does not really change during the course of the novel. It is true that he has a chance to become a normal member of society again, but in essence Larry will probably remain a naïve loner. He does have a good chance of rebuilding his relationship with Silas, and this seems his best chance of becoming happy again.

Silas is a popular school student. This is mainly because he is athletic and good-looking. School sports are very important at his school, and being good at a mainstream sport such as baseball automatically means popularity. He seems to have had lots of girlfriends, and he is never lonely. Silas is still known around Chabot as »32«, a measure of the level of local fame he achieved as a young baseball player.

Silas has a difficult childhood. He grows up without a father, and he clearly envies Larry, who has one. Silas grows up in poverty, but his mother dedicates herself to improving their situation. She even manages to send him to college. Silas feels guilty about not showing her how grateful he is.

Silas changes during the course of the novel. Whereas Larry's life changes more or less by brutal coincidence, Silas is forced to think through a lot of things that happened in the past. One of these is his role in the disappearance of Cindy Walker, his first real girlfriend. It seems that she loved him, but it is unclear what feelings Silas had for her. His failure to state that he was one of the last people to see her alive ruins Larry's life. This is the main source of his strong feelings of guilt.

There are clear signs that Silas is looking to the future. He has a partner who understands and cares for him. And he goes to trouble to make Larry's homecoming as pleasant as possible. As far as his job is concerned, he will be rewarded for ›solving‹ two crimes, even though one could say he didn't solve them by being a good detective, but by confronting events from the past.

Aufgabe 2

> Imagine you are Larry. You have just said goodbye to Silas and entered your house after leaving hospital. How do you react to the way the house has changed?

Lösungshinweise

- What changes do Silas and Angie make?
- What is the aim of the changes?
- Will Larry accept/appreciate what Silas has done?

When I got back from the hospital, I walked into my house and noticed straight away something was different. It was hard to say at first what had changed, but then I noticed the whole place was very clean. There was no sign at all that I had been shot here just 12 days ago. I wonder how they cleaned it up. I reckon Angie probably helped Silas. I can't imagine him getting down on his knees and scrubbing. And I think Angie is a very helpful and kind person.

There is something that Silas definitely did, though. He cleaned up the gun cabinet, which I admit had become a bit of a mess. There were no guns in it, of course. I was never allowed to have one. But then I saw the old rifle. He had returned the rifle to the place it belongs. That made me happy and sad at the same time. Happy because I think Silas went to a lot of trouble to clean it up and I think he means to fix up our relationship as well; sad,

149

because seeing it reminded me of that time all those years ago when my Dad made me and Larry fight.

Not sure about that satellite TV thing. I noticed it as soon as I turned on the television. When I was in hospital I pretty much got sick of looking at all those images of the so called ›real world‹. Much better to watch simple programs, and I had those already without needing this satellite dish. And in a way the satellite dish reminds me of Wallace Stringfellow and of all the things that went wrong. But Silas means well, maybe I'll give it a try.

Aufgabe 3

»Letting himself off the hook had been his way of life.« (S. 273) Discuss this quote in the context of the novel.

Lösungshinweise

- What is the context of the quote?
- Who says this?
- At what point in the novel does the figure come to this realisation?

This quote comes toward the end of the novel, at a time when Silas has made a lot of painful discoveries about the past. He has begun to come to terms with his guilt. Importantly, he has already told French about his role in the disappearance of Cindy Walker all those years ago. Talking to French hasn't really helped him, however: Silas goes to a bar and gets drunk. The next morning he is able to name the thing which has become such a burden to him: »guilt« (S. 273). It is at this point that he realises he is quite good at denial – at letting himself of the hook. He has been doing it for years. He has failed to accept that he has treated his mother poorly. He has given little or no thought to Cindy Walker. He has not come to terms with what happened between him and Larry.

Letting himself of the hook – in other words rejecting any feelings of guilt he has and pretending to be free of guilt – has become something like a bad habit for Silas. When he says it is a »way of life«, he emphasises the fact that he denies guilt more or less automatically, without even thinking about it. He has been living his life as if Cindy Walker never disappeared, as if the friendship with Larry was never destroyed. Letting himself off the hook has helped him live his life.

Silas now sees himself more or less as a criminal, who has robbed Larry of 25 years of his life. But it is important to note that the quote is in the past perfect. This signifies that his life is about to change. He is ready to accept his role in Larry's lonely existence, and he is ready to undertake practical steps to do this. The attention Silas pays to cleaning up Larry's house is a symbolic act of atonement. His efforts to face up to the past and to restore the relationship with his half-brother are best expressed in his devotion to the rifle, which Silas lovingly cleans and returns to its rightful place.

10. Anmerkungen

1 Dieses Phänomen wird auch *upspeak*, *uptalk* oder *rising inflection* genannt. Obwohl sehr stark mit dem englischsprachigen Raum assoziiert, kommt HRI auch im Deutschen und in anderen Sprachen vor.

2 Terry Southern, *Red Dirt Marijuana and Other Tastes*, London 1997, S. 155.

3 Man beruft sich auf das ›2nd Amendment‹, also auf den 2. Zusatzartikel zur Verfassung.

4 South Carolina, Mississippi, Georgia, Louisiana, Florida, Alabama, Texas, Virginia, Arkansas, North Carolina und Tennessee.

5 Der Name Fulton erinnert an Fulsom aus *Crooked Letter, Crooked Letter*.

6 Mit »el train« ist die innerstädtische Hochbahn Chicagos gemeint (*el = elevated*).

7 »Racial differences are largely adaptations to climate.« Steven Pinker, *The Blank Slate. The Modern Denial Of Human Nature*, London 2003, S. 143.

8 Randall Kennedy, *Nigger. The strange Career of a Troublesome Word*, New York 2003, S. 22.

9 Neil R. McMillen, *Dark Journey, Black Mississippians in the Age of Jim Crow*, University of Illinois Press 1990, S. 204.

10 Zitiert nach Kennedy (s. Anm. 8) S. 23.

11 Ice-T, *Straight up Nigga*, in: *O.G. Original Gangster,* Sire Records 1991.

12 Zitiert nach Kennedy (s. Anm. 8) S. 112.

13 Tom Franklin, *Poachers*, London 2000, S. 35. Zurzeit

herrscht übrigens in den US-Print- und Online-Medien Uneinigkeit darüber, ob und wann ›black‹ bzw. ›blacks‹ den Bezeichnungen ›African-American‹ vorzuziehen sei. Laut vielen Style Guides ist ›black‹ bzw. ›Black‹ zu empfehlen. Die Großschreibung ist kontextabhängig.

14 Bemerkenswert und irregeleitet ist die Zensur in dem von Patrick Charles verfassten Erläuterungsband zu *Crooked Letter, Crooked Letter*, in dem durchgehend das Wort »n****er« abgedruckt wird. Vgl. hierzu Patrick Charles, *Textanalyse und Interpretation zu Tom Franklin: »Crooked Letter, Crooked Letter«*, Hollfeld 2018.

15 Vgl. hierzu folgende Aussage: »[W]hite people still use the now taboo term »nigger«, even to people in authority […]. Silas does not respond to the insult itself« (Sarah Nowotny, *Tom Franklin. Crooked Letter, Crooked Letter. Interpretationshilfe für Oberstufe und Abitur*, Stuttgart 2017, S. 126). Die Verfasserin geht hier davon aus, dass Brenda weiß ist und dass Silas von einer Weißen als »nigger« beleidigt wird – ein höchst unwahrscheinlicher Vorfall, den Silas als Polizist nicht geduldet hätte.

16 Nachzuhören in dem von Barnes & Noble produzierten Youtube-Video *Meet The Writers – Tom Franklin*: www.youtube.com/watch?v=o8vG3z-c3Kc (Stand: 10.05.2019).

17 Franklin (s. Anm. 13) S. 3.

18 Ebd.

19 Ebd., S. 4 f.

20 Franklin lehrte sowohl an der University of Arkansas als auch an der traditionsreichen, aber sehr armen Selma

University, eine schwarze Uni im Geburtsort der
Bürgerrechtsbewegung.

21 Franklin (s. Anm. 13) S. 16.

22 Ebd., S. 1.

23 Vgl. den Klappentext von Tom Franklins Erzählungensammlung *Poachers*.

24 Marcel Berlins, »The best crime fiction of 2017«, in:
The Times (25.11.2017): www.thetimes.co.uk/article/
the-best-crime-fiction-of-2017-cv28zmww0
(Stand: 10.05.2019).

25 Allison Block, »Booklist Review Crooked Letter, Crooked Letter«, in: *Booklist Online*: www.booklistonline.
com/Crooked-Letter-Crooked-Letter-Tom-Franklin/
pid=4163351 (Stand: 10.05.2019).

26 So Brad Wetherell in der Kritik vom 21. Dezember 2011:
fictionwritersreview.com/review/crooked-letter-
crooked-letter-by-tom-franklin/ (Stand: 10.05.2019).

11. Literaturhinweise/Medienempfehlungen

Bezugstext

Der *Lektüreschlüssel* bezieht sich auf:
Franklin, Tom: Crooked Letter, Crooked Letter. London:
Pan Books 2014.

Übersetzung

Franklin, Tom: Krumme Type, krumme Type. Übers. von
Nikolaus Stingl. Berlin: Pulp Master 2018.

Andere empfohlene Werke Tom Franklins

Franklin, Tom: Poachers. London: Flamingo 2000.
Franklin, Tom: Smonk. London: Harper 2006.

Weiterführende Literatur

Kennedy, Randall: Nigger. The Strange Career of a Trouble-
some Word. New York: Vintage 2003.
Nusser, Peter: Der Kriminalroman. 4. Auflage. Stuttgart:
Metzler 2009.

12. Zentrale Begriffe und Definitionen

Alliteration [alliteration]: (lat. *alliteratio* ›Lautverbindung‹) Stimmen die Anfangslaute benachbarter Wörter überein, spricht man von Alliteration, z. B. »Feuer und Flamme«.

➤ S. 80

Anspielung [allusion]: Wenn in einem Text eine Person erwähnt wird, die als allgemein bekannt gilt, spricht man von einer Anspielung. In *Crooked Letter, Crooked Letter* ist der Name des Hundes John Wayne Gacy, der auf einen Serienmörder und Vergewaltiger hinweist, ein gutes Beispiel. Es kann aber auch auf Kunstwerke und Filme angespielt werden – in *Crooked Letter, Crooked Letter* gibt es viele Anspielungen auf Horrorfilme.

➤ S. 9, 85, 90, 100, 110 f., 122

Antiklimax [anticlimax]: Bei einer Antiklimax schlägt das Erhabene oder das Spannende plötzlich und ohne Vorwarnung ins Banale oder ins Lächerliche um. Der gewünschte Effekt kann Parodie, Komik oder Lösung von Spannungen sein. Da der Spannungsaufbau im Thriller bzw. im Krimi oft in der Entdeckung einer Leiche oder in einer Gewalttat endet, ist der Effekt der Antiklimax hier besonders groß.

➤ S. 76

Charakter [character]: Im Gegensatz zu einem bloßen Typ erkennt der Leser in einem Roman einen Charakter durch individuelle Merkmale wie Persönlichkeit, Handlungsweise, Interaktion mit anderen Charakteren, Sprechart usw.

➤ S. 8, 127, 144, 146

Dialekt [dialect]: Ein Dialekt ist eine regionale Sprachvariante. Die besondere Sprechweise der Südstaatler schlägt sich in *Crooked Letter, Crooked Letter* in Wortwahl, Syntax und Morphologie (Wortformen) nieder. Darüber hinaus deutet Franklin in seinem Roman auch die für die Südstaaten typische Aussprache an.

➤ S. 82

Entwicklungsroman [coming-of-age novel]: In einem Entwicklungsroman wird der Werdegang eines jungen Menschen präsentiert. Einflüsse wie Schule und Familie werden dargestellt. Entwicklungsromane sind häufig autobiographisch geprägt. *Crooked Letter, Crooked Letter* lässt sich in mancher Hinsicht auch als Entwicklungsroman auffassen: Besonders Silas macht eine Entwicklung durch, und reflektiert zudem über das Erwachsenwerden. Die Anekdoten aus der Schulzeit sind ebenfalls typisch für die Gattung.

➤ S. 128 f.

Erzählinstanz [narrative instance]: Die Stimme, die eine Geschichte erzählt. Es kann sich um eine Stimme mit oder ohne Identität handeln. Obwohl *Crooked Letter, Crooked Letter* aus zwei Perspektiven (diejenige Larrys und diejenige Silas') erzählt wird, ist es sinnvoll, diese beiden Stimmen als »Erzählinstanz« zu betrachten.

➤ S. 69

Erzählsituation [narrative situation]: Der Begriff Erzählsituation dient zur Kategorisierung von verschiedenen Perspektiven des Erzählens. Ist der Erzähler Teil der erzählten Welt? Handelt es sich um eine Ich-Erzählung oder um auktoriales Erzählen (allwissender Erzähler)? Kommentiert die Stimme des Erzählers die Ereignisse?

Handelt es sich um personales Erzählen, bei dem wir aus der Perspektive einer bestimmten Figur die Ereignisse miterleben? In *Crooked Letter, Crooked Letter* herrscht eine personale Erzählsituation.

➤ S. 69 f.

Erzählte Zeit [narrated time]: Die Dauer des Geschehens einer Geschichte. Die Handlung von *Crooked Letter, Crooked Letter* erstreckt sich über einen Zeitraum von über 30 Jahren.

➤ S. 7

Metapher [metaphor]: Bei einer Metapher wird ein Wort aus seinem Bedeutungszusammenhang in einen anderen übertragen.

➤ S. 79 f.

Motto [epigraph]: Bei einem Motto handelt es sich um ein einem Werk vorangestelltes Zitat, dass das Thema andeutet oder einen Akzent setzt. Meist handelt es sich um Zitate. Das Motto von *Crooked Letter, Crooked Letter* entstammt im weitesten Sinne dem Schulleben eines jeden Kindes in Mississippi und verweist auf die Rolle des Südens für der Handlung, aber auch auf eine Paarung von zwei Figuren, die einen ›krummen‹ Lebenslauf haben und auf der Suche nach Identität sind.

➤ S. 98

Personale Erzählsituation / personales Erzählen [third-person narration]: Beim personalen Erzählen nimmt der Leser das Geschehen aus der Sicht einer sogenannten ›Reflektorfigur‹ wahr (Larry und Silas sind die zwei Reflektorfiguren in *Crooked Letter, Crooked*

Letter). Obwohl die Personalpronomen »er«/»sie« vorherrschen, wird vorwiegend aus einer Innenperspektive erzählt. Ironische Beobachtungen, Voraussagen sowie Wissen, was andernorts geschieht, kommen daher nicht vor. Inwiefern der Leser Einblick in die Gefühls- und Gedankenwelt der Figuren erhält, kann stark variieren. In *Crooked Letter, Crooked Letter* macht Tom Franklin davon großzügigen Gebrauch, und wir wissen sehr viel über die Gefühle und das Innenleben der beiden Figuren Larry und Silas.

➤ S. 69 f.

Personifikation [personification]: Die Vermenschlichung von Vorgängen und Gegenständen mit dem Ziel, sie lebendiger erscheinen zu lassen bzw. eine bestimmte Atmosphäre zu schaffen.

➤ S. 79 f.

Rezeption [reception]: Die Aufnahme eines Textes, sei es durch Literaturkritiker, die Rezensionen schreiben, durch Schüler und Lehrer, durch Literaturwissenschaftler, die den Text analysieren und ihm eine bestimmte Bedeutung beimessen oder absprechen, durch andere Schriftsteller, die Motive aus dem Text in eigene Texte integrieren, oder Künstler allgemein, die Motive, Figuren aus dem Text in Form von Gemälden o. Ä. interpretieren.

➤ S. 144 f.

Spannung [suspense]: Um das Interesse des Lesers am Stoff wachzuhalten, bedienen sich Autoren unterschiedlicher Methoden der Spannungserzeugung, wie Anspielungen, Vorausdeutungen, Träume oder ge-

schickt gewählte Kapitelaufteilungen und Kapitel-
überschriften.

➤ S. 70, 72, 74–77

Symbol [symbol]: Jeder Gegenstand, der auf etwas Hö-
heres verweist, kann als Symbol bezeichnet werden.
Ein einfaches Kreuz kann auf das Christentum oder
aber auf einen militärischen Zusammenhang verwei-
sen. Im Gegensatz zur Allegorie kann das Symbol
mehrdeutig und mehrschichtig sein.

➤ S. 88–90, 92, 107

Thema [theme]: Grund- und Leitgedanke eines Wer-
kes, z. B. Liebe, Ehre, Schuld, Freiheit, Toleranz usw.
Es ist oft nicht leicht, ein überzeugend formuliertes
und eindeutiges Thema für ein literarisches Kunst-
werk zu ermitteln.

➤ S. 97, 122, 13

Vorausdeutung [foreshadowing]: Vorwegnahme eines erst später eintretenden Ereignisses. Das kann ein
sehr konkreter Hinweis oder eher subtil in den Text
eingeflochten sein: Die Hunde in »White Trash
Avenue«, die ungestüm, aber doch noch freundlich
dem Polizisten Silas entgegenlaufen, lassen sich als
eine Vorausdeutung auf den Angriff durch den von
Wallace Stringfellow losgelassenen Kampfhund auffassen.

➤ S. 77